Sanskrit and Other Indian Languages

Sanskrit and Other Indian Languages

Edited by
Shashiprabha Kumar

Special Centre for Sanskrit Studies
Jawaharlal Nehru University
New Delhi

in association with

D. K. Printworld (P) Ltd.
New Delhi

Cataloging in Publication Data — DK
[Courtesy: D.K. Agencies (P) Ltd. <docinfo@dkagencies.com>]

Sanskrit and other Indian Languages
/ edited by Shashiprabha Kumar.
xvii, 222 p. 23 cm.
Contributed articles.
Includes passages in Sanskrit (roman).
Includes bibliograhical references.
Includes index.
ISBN 8124604428

1. Sanskrit philology — Study and teaching.
I. Kumar, Shashiprabha, 1951-

DDC 491.25 22

ISBN 81-246-0442-8
First published in India in 2007

Published by:
Special Centre for Sanskrit Studies
Jawaharlal Nehru University, New Delhi - 110 067.
in association with

D.K. Printworld (P) Ltd.
Regd. Office: 'Sri Kunj', F-52, Bali Nagar
Ramesh Nagar Metro Station
New Delhi-110 015
Phones: (011) 2545 3975; 2546 6019; *Fax*: (011) 2546 5926
E-mail: dkprintworld@vsnl.net
Website: www.dkprintworld.com

Printed by: D.K. Printworld (P) Ltd., New Delhi

पुरोवाक्

ग्रन्थ में संस्कृत और हिन्दी के सम्बन्ध पर, संयोग से, कोई निबन्ध नहीं है। इसलिए अपनी हिन्दी से ही यह "पुरोवाक्" आरम्भ करना समीचीन होगा। निवेदन है कि इसे "अभावे शालिचूर्णं वा" मानकर सन्तोष कर लिया जाय।

संस्कृत और हिन्दी के सम्बन्ध-सूत्रों पर दृष्टिपात करते ही सबसे पहले प्रातःस्मरणीय पण्डित चन्द्रधर शर्मा गुलेरी की "पुरानी हिन्दी" शीर्षक लेखमाला याद आती है। यह लेखमाला नागरी प्रचारिणी पत्रिका के नवीन संस्करण, भाग-2 में क्रमशः 1921 ई० में प्रकाशित हुई थी। गुलेरी जी हिन्दी में "उसने कहा था" जैसी अमर कहानी के लिए विख्यात हैं, लेकिन मूलतः वे संस्कृत के प्रकाण्ड पण्डित होने के साथ ही "संस्कृत और हिन्दी" के बीच अप्रतिम सेतु थे। उनका "पुरानी हिन्दी" शीर्षक विनिबन्ध उस सेतु का चिरस्थायी स्तम्भ है।

गुलेरी जी ने नदी और नहर के रूपक द्वारा संस्कृत और हिन्दी के सम्बन्ध को निबन्ध के आरम्भ में ही उजागर कर दिया है। सारांश प्रस्तुत करने की अपेक्षा उन्हीं की जीवन्त भाषा का स्वाद लेना बेहतर होगा, अस्तु।

"हिन्दुस्तान का पुराने-से-पुराना साहित्य जिस भाषा में मिलता है उसे संस्कृत कहते हैं, परन्तु जैसाकि उसका नाम ही दिखाता है, वह आर्यों की मूल भाषा नहीं है। वह मँजी, छँटी, सुधरी भाषा है। कितने हजार वर्ष के उपयोग से उसका वह रूप बना, किस 'कृत' से वह 'संस्कृत' हुई, यह जानने का कोई साधन नहीं बच रहा है। वह मानो गङ्गा की नहर है, नरौने के बाँध से उसमें सारा जल खैंच लिया गया है, उसके किनारे सम हैं, किनारों पर हरियाली और वृक्ष हैं, प्रवाह नियमित है। किन टेढ़े-मेढ़े किनारों वाली, छोटी-बड़ी, पथरीली, रेतीली नदियों का पानी मोड़कर यह अच्छोद

नहर बनाई गई और उस समय के सनातन-भाषा-प्रेमियों ने पुरानी नदियों का प्रवाह 'अविच्छिन्न' रखने के लिए कैसा कुछ आन्दोलन मचाया या नहीं मचाया, यह हम जान नहीं सकते। सदा इस संस्कृत नहर को देखते-देखते हम असंस्कृत या स्वाभाविक, प्राकृतिक नदियों को भूल गए। और फिर जब नहर का पानी आगे स्वच्छन्द होकर समतल, और सूत से नपे हुए किनारों को छोड़कर जल स्वभाव से कहीं टेढ़ा, कहीं सीधा, कहीं गन्दला, कहीं निखरा, कहीं पथरीली, कहीं रेतीली भूमि पर और कहीं पुराने सूखे मार्गों पर प्राकृतिक रीति से बहने लगा तब हम यह कहने लगे कि नहर से नदी बनी है, नहर प्रकृति है और नदी विकृति – (हेमचन्द्र ने अपने प्राकृत व्याकरण का आरम्भ ही यों किया है कि संस्कृति प्रकृति है, उससे आया इसलिए प्राकृत कहलाया) यह नहीं कि नदी अब सुधारकों के पंजे से छूटकर फिर सनातन मार्ग पर आई है।

इस रूपक को बहुत बढ़ा सकते हैं। सम्भव है कि हमें इसका फिर भी काम पड़े। वेद या छन्दस् की भाषा का जितना सात्म्य पुरानी प्राकृत से है उतना संस्कृत से नहीं। संस्कृत में छाना हुआ पानी ही लिया गया है। प्राकृतिक प्रवाह का मार्ग-क्रम यह है –

1. मूलभाषा 2. छन्दस् की भाषा < 3. प्राकृत 5. अपभ्रंश
4. संस्कृत

संस्कृत अजर अमर तो हो गई किन्तु उसका वंश नहीं चला, वह कलमी पेड़ था। हाँ, उसकी संपत्ति से प्राकृत और अपभ्रंश और पीछे हिन्दी आदि भाषाएं पुष्ट होती गईं और उसने भी समय-समय पर इनकी भेंट स्वीकार की।

नदी-नहर के रूपक से साफ हो जाता है कि हिन्दी संस्कृत की बेटी नहीं है। जब संस्कृत का वंश ही नहीं चला, तब हिन्दी उसकी बेटी कैसे हुई? कहना न होगा कि इस भ्रम का उत्स है व्याकरण – विशेषतः भाषा और व्याकरण का सम्बन्ध!

संस्कृत का प्रथम व्याकरण है पाणिनि का *'अष्टाध्यायी'*। गुलेरी जी ने यथास्थान पाणिनि की भूमिका की भी चर्चा की है। पाणिनि ने "वैदिक साहित्य के प्रयोगों को अपवाद या विकल्प के विषय रखकर अपने समय की "भाषा" का व्याकरण बनाया। स्वर के विवेचन को पाणिनि ने इतना स्थान

दिया है तथा आवाज़ कुदाने (प्लुत) के नियमों की ऐसी जाँच की है कि मानना पड़ता है कि आ-पामर भारतवासी मात्र की नहीं तो एक बहुत बड़े समुदाय की साधारण भाषा संस्कृत अवश्य थी।" लेकिन आगे चलकर "व्याकरण और पाणिनि का अभेद सम्बन्ध हो गया, व्याकरण का या भाषा का अध्ययन न होकर पाणिनि का अध्ययन होने लगा। शब्द इसलिए साधु नहीं है कि वह प्रयुक्त है, इसलिए साधु है कि पाणिनि ने वैसा बनाना बताया है। "लक्ष्यैकचक्षुष्क" लोग घट गए, "लक्षणैकचक्षुष्क" बढ़ गए।"

कालक्रम से पाणिनि के बाद कात्यायन हुए और उन्होंने *'अष्टाध्यायी'* के सूत्रों पर वार्त्तिक लिखे "किन्तु अधीनता के साथ, लोहा मानकर, यही कहा कि इतना और कह दो, इतना और गिनना चाहिए। पाणिनि के समय से उसके समय तक जो नये शब्द चल गए थे या अर्थों में परिवर्तन हो गए थे ये भी उसने गिन दिए।"

फिर "कई सौ वर्ष बीतने पर पतञ्जलि ने बड़ी व्याख्या या महाभाष्य बनाया। पतञ्जलि के समय में संस्कृत उस अर्थ में भाषा न रही थी जिस अर्थ में पाणिनि ने उसे भाषा कहा है। वह एक "गो" शब्द के गावी, गोणी, गोता, गोपोतलिका आदि अपभ्रंशों का उल्लेख करता है, देवदिष्ण को देवदत्त से पृथक् करता है। साधु शब्दों के प्रयोग में आर्यावर्त्तवासी 'शिष्टों' की दुहाई देता है जो कुम्भीधान्य, अलोलुप आदि हों। सो पाणिनि की भाषा अब 'शिष्टों की भाषा' रह गई थी जिसके जानने से 'धर्म' होता था। पहले बहता पानी था, अब कुआँ खोदने वाले की तरह पहले अपशब्दों की धूल से ढके जाकर फिर शिष्ट प्रयोगों के जल से शुद्धि मिलती थी।"

इस प्रकार पतञ्जलि तक आते-आते पाणिनि की 'भाषा' 'शिष्टों की भाषा' हो गई। उन्होंने उसे 'संस्कृत' की संज्ञा भले ही न दी हो, लेकिन उसे पूरी तरह सुसंस्कृत बना दिया। यह सब व्याकरण की देन है।

लेकिन पतञ्जलि के उसी 'महाभाष्य' से पता चलता है कि उस समय प्रचलन में और भाषाएं भी बोली जाती थीं। एक 'गो' शब्द के गावी, गोणी, गोता, गोपोतलिका आदि रूप सुनने को मिलते हैं। पतञ्जलि ने इन्हें अपभ्रंश कहा है। आगे चलकर ग्यारहवीं शताब्दी में जैनाचार्य हेमचन्द्र ने इसी अपभ्रंश भाषा का मुकम्मल व्याकरण लिखा और उस भाषा को प्रतिष्ठित करने के लिए उदाहरण-स्वरूप अपभ्रंश के लगभग दो सौ दोहे भी प्रस्तुत किए।

हेमचन्द्र ने एक और बड़ा काम किया। उन्होंनें 'सिद्धहेमशब्दानुशासन' नाम से एक बृहद् व्याकरण तैयार किया – ठीक पाणिनि के 'अष्टाध्यायी' के वज़न पर एक और 'अष्टाध्यायी'। इस व्याकरण के प्रथम सात अध्याय तो संस्कृत के बारे में हैं। अन्तिम आठवें अध्याय के पहले तीन पाठ क्रमशः महाराष्ट्री प्राकृत, शौरसेनी प्राकृत, मागधी प्राकृत और पैशाची प्राकृत आदि भाषाओं के लिए अर्पित हैं और चतुर्थ अपभ्रंश के लिए सुरक्षित रखा गया है। कहना न होगा कि उस एक सहस्राब्दी में संस्कृत के समानान्तर अनेक क्षेत्रीय प्राकृत भाषाओं में साहित्य-रचना होने लगी थी और इसके साथ-साथ उनके व्याकरण भी लिखे जा रहे थे। गुलेरी जी की 'पुरानी हिन्दी' में इन प्राकृतों की भी विस्तृत चर्चा है। कुल मिलाकर हेमचन्द्र अपने व्याकरण का गुलेरी जी के शब्दों में "पाणिनि और भट्टोजिदीक्षित होने के साथ-साथ उसका भट्टि भी है।" इसके साथ ही एक विशेष बात यह भी है कि हेमचन्द्र ने व्याकरण-बद्ध प्राकृतों के अतिरिक्त देशी भाषाओं को भी अपने दृष्टिपथ में रखा। उनका व्याकरण तो हेमचन्द्र न लिख पाए, लेकिन 'देशी नाममाला' नाम से उन्होंने एक कोश अवश्य तैयार किया।

प्राकृत और देशी के पक्ष में इतना विपुल कार्य करने के बावजूद हेमचन्द्र ने संस्कृत और प्राकृत के सम्बन्धों को लेकर एक ऐसी स्थापना की जो गुलेरी जी की दृष्टि में प्राकृत की मूल प्रकृति पर ही कुठाराघात करती है। हेमचन्द्र कहते हैं – प्रकृतिः संस्कृतं, तत्र भवं, तत आगतं वा प्राकृतम्।

"मालूम होता है कि प्रकृति शब्द के अर्थ में भ्रम होने से तत आगतं, तदुद्‌भवा और ततः आदि की कल्पना हुई। प्रकृति का अर्थ यहाँ उपादान कारण नहीं है। . . . भाषा से भाषा कभी नहीं गढ़ी गई। यहाँ प्रकृति शब्द मीमांसा के रूढ़ अर्थ में लिया जाना चाहिए। यहाँ पर प्रकृति और विकृति शब्द विशेष अर्थों में लिए गए हैं। साधारण, नियम, नमूना, माडल, उत्सर्ग इस अर्थ में प्रकृति आता है। विशेष, अलौकिक, भिन्न, अन्तरित, अपवाद के अर्थ में विकृति आता है। पाणिनि ने भाषा (व्यवहार) की संस्कृत को प्रकृति मानकर वैदिक संस्कृत को उसकी विकृति माना है, साधारण या उत्सर्ग नियम संस्कृत के मानकर वैदिक भाषा को अपवाद बना दिया है। वहाँ प्रकृति का अपादान कारण अर्थ मानकर क्या वैदिक भाषा को 'तत आगत' या 'तदुद्‌भव' कह सकते हैं, उलटी गङ्गा बहा सकते हैं? . . . उपसंहार में सभी प्राकृतों को लक्ष्य

करके लिखा 'शेषं संस्कृतवत्सिद्धम्' (8.4.448) – तो क्या उसका अर्थ यह किया जाय कि यह इन भाषाओं का कुर्सीनामा हुआ? क्या पहली भाषा जनक हुई और अगली उससे आगत या उद्भूत? नहीं, साधारण नियम 'प्रकृति' में समझाए गए, विशेष नियम 'विकृति' में। यही प्रकृति और विकृति का प्राकृत अर्थ है।" (पुरानी हिन्दी)

गुलेरी जी की इस विवेचना के निहितार्थ दूरगामी हैं और इसके प्रकाश में हिन्दी के तत्सम और तद्भव कहे जाने वाले असंख्य शब्दों की व्युत्पत्ति का निर्णय किया जा सकता है। उदाहरण के लिए 'आम' तत्सम है और 'आम' तद्भव। क्या 'आम' 'आम्र' से उत्पन्न हुआ है? या फिर आम का ही संस्कार करके 'आम्र' बनाया गया है? इससे कहीं अधिक जटिल समस्याएं हिन्दी के क्रिया रूपों और कारकों को लेकर हैं क्योंकि वे प्रायः तद्भव हैं।

तात्पर्य यह कि व्यवहार की हिन्दी में बहुत कुछ ऐसा है जो सीधे संस्कृत से नहीं आया है क्योंकि वह संस्कृत में है ही नहीं। गुलेरी जी ने 'हेमचन्द्र और देशी' के प्रसङ्ग में इस विषय पर विस्तार से विचार किया है और संस्कृत में 'अप्रयुक्त' पर टिप्पणी करते हुए पतञ्जलि के हवाले से कहा है कि 'उपलब्धि' में यत्न करो। क्योंकि इतने शब्द के प्रयोग के विषय को बिना सुने-विचारे शब्द अप्रयुक्त है यह कहना साहस मात्र है।" पतञ्जलि वैयाकरणों को सावधान कर गए हैं कि "जैसे घड़े से काम होने पर लोग कुम्हार के यहाँ जाते हैं कि हमें घड़ा बना दे वैसे शब्द का काम पड़ने पर कोई वैयाकरण के यहाँ नहीं जाता कि भाई हमें काम है, शब्द गढ़ दे।" इस पर गुलेरी जी ने टिप्पणी जड़ी – "किन्तु वैयाकरण समझते हैं कि बिना उनके प्रतिष्ठित किए लोग इन धातुओं से प्रत्यय ही न कर सकेंगे। मुर्गा सवेरा होने पर बोलता है किन्तु फ्रेंच भाषा के एक नाटक में एक मुर्गे को यह अभिमान होना बताया गया है कि मैं न बोलूँगा तो सवेरा ही न होगा।"

गरज कि संस्कृत और अन्य भारतीय भाषाओं के सम्बन्ध पर विचार करते हुए हमें शास्त्र के साथ लोक-दृष्टि का भी उपयोग करना होगा। हमारे शास्त्र की परम्परा भी यही रही है। महाभाष्य के प्रथम आह्निक में ही पतञ्जलि ने स्पष्ट शब्दों में स्वीकार किया है कि 'अभ्यन्तरोऽहं लोके, न त्वहं लोकः।' मैं लोक के भीतर हूँ, पर लोक तो नहीं हूँ।

पण्डित चन्द्रधर शर्मा गुलेरी महाभाष्यकार पतञ्जलि की इसी लोकवादी परम्परा के आधुनिक रत्न थे और इस परम्परा के अन्दर रहते हुए ही यथा-प्रसङ्ग उन्होंने उसके सम्मुख प्रश्नचिह्न भी लगाए।

संस्कृत और अन्य भारतीय भाषाओं के सम्बन्ध पर यदि मैंने अपनी ओर से कुछ न कहकर संस्कृत के एक हिन्दी विद्वान् के माध्यम से ही अपनी बात कहने की कोशिश की है तो यह भी एक तरह से अपनी ही टीका और भाष्य की परम्परा में है। अभिनवगुप्त भी तो 'अभिनवभारती' में यही कह गए हैः 'पूर्व प्रतिष्ठापित योजनासु मुल प्रतिपष्ठाफलमामनन्ति'। पूर्व – प्रतिष्ठापित सिद्धान्तों की योजना में भी मूल की प्रतिष्ठा का फल मिलता है। आज भारतीय भाषाओं के अन्तःसम्बन्ध पर विचार करने की यही भारतीय दृष्टि अपेक्षित है।

आज इस भारतीय दृष्टि पर विशेष रूप से बल देने की आवश्यकता इसलिए भी है कि पाश्चात्य पण्डितों द्वारा निर्मित तथाकथित "प्राच्यवाद" (orientalism) के कारण संस्कृत विद्या के साथ-साथ भारतीय विद्या भी दुर्व्याख्या के विष से विमूर्छित है। उन्नीसवीं शताब्दी का ऐतिहासिक और तुलनात्मक भाषाविज्ञान एक प्रकार से प्राच्यवाद का पहला चरण था जिसने भारत में भाषा परिवारों का बन्दरबाँट किया और एक कल्पित मूल योरोपीय भाषा का मिथक रचा। फिर बीसवीं शताब्दी के उत्तरार्ध में भारत को 'एक भाषिक क्षेत्र' स्वीकार करने के साथ एक तरह से भूल-सुधार का प्रयास किया जो प्रकारान्तर से उसी 'प्राच्यवाद' का एक रूप प्रतीत होता है। एडवर्ड सईद के क्रान्तिकारी ग्रंथ *प्राच्यवाद* (*Orientalism*) (1978) के प्रकाशन के बाद संस्कृत और भारतीय भाषाओं के सम्बन्ध पर नये सिरे से विचार करना और भी जरूरी है।

जवाहरलाल नेहरू विश्वविद्यालय के संस्कृत अध्ययन के विशिष्ट केन्द्र ने 'संस्कृत और भारतीय भाषाओं का सम्बन्ध' विषय पर विचारगोष्ठी का आयोजन करके प्रमाणित कर दिया है कि वह अन्य विश्वविद्यालयों के संस्कृत विभाग से सचमुच ही विशेष है क्योंकि उनका ध्यान तो बहुत कुछ संस्कृत तक ही सीमित रहता है और उन्हें अन्य भारतीय भाषाओं की चिन्ता नहीं रहती। इस कल्पनाशील सङ्कल्पना के लिये हार्दिक साधुवाद।

18.9.2007 **नामवर सिंह**

Contents

Acknowledgement

At the outset, we would like to place on record our most sincere thanks to the University Grants Commission for sanction of a special grant for Research and Publication under the Tenth Plan to the Special Centre for Sanskrit Studies, Jawaharlal Nehru University.

I am extremely grateful to Prof. B.B. Bhattacharya, Vice-Chancellor, JNU, who inaugurated the Sanskrit Week 2006 and set the tone for its successful completion with his kind words of encouragement. I am thankful to both the Rectors and the administrative staff of JNU for their constant cooperation in all academic activities of the Centre. I feel profoundly indebted to all the esteemed members of the Editorial Advisory Board who not only guided the Tenth Plan publication programme of the Centre but also gave valuable suggestions for the continuous growth of its research schemes. I am particularly grateful to Prof. Lokesh Chandra for his genuine concern towards an all-round progress of the Centre.

I am beholden to all the distinguished speakers at the Sanskrit Week Programme who not only englightened us with their lectures but also sent their written papers in due time and made it possible to publish the volume carrying their learned contributions. I am particularly grateful to Prof. Namwar Singh who very kindly obliged by writing a Foreword to the volume.

I must express my special thanks to Prof. B.N. Kalla, Prof. R.N. Sharma, Prof. C. Rajendra and Prof. R.I. Nanavati who were not present in the Sanskrit Week Programme but provided their papers on related themes and allowed to incorporate their scholarly contributions in the present volume so as to enrich its contents. Acknowledgements are due to Dr V. Kameswari, Director of Kuppuswami Sastri Research Institute, Chennai for allowing us to include an article already published in the *Journal of Oriental Research*, Madras vol. LXXI-LXXIII authored by Dr K. Meenakshi in the present volume.

I shall be failing in my duty if I do not thank all my collegues, office staff and students at the Centre who have rendered steady support for the Tenth Plan Research and Publication Programme of the Centre.

Lastly, I am thankful to Shri Susheel K. Mittal of D.K. Printworld who worked really hard for bringing out this volume in fine quality and in due time.

Shashiprabha Kumar

Key to Transliteration

VOWELS

अ *a*	आ *ā*	इ *i*	ई *ī*	उ *u*	ऊ *ū*
(but)	(palm)	(it)	(beet)	(put)	(pool)
ऋ *r̥*	ए *e*	ऐ *ai*	ओ *o*	औ *au*	
(rhythm)	(play)	(air)	(toe)	(loud)	

CONSONANTS

Guttural	क *ka*	ख* *kha*	ग *ga*	घ *gha*	ङ *ṅa*
	(skate)	(blockhead)	(gate)	(ghost)	(sing)
Palatal	च *ca*	छ* *cha*	ज *ja*	झ *jha*	ञ *ña*
	(chunk)	(catch him)	(john)	(hedgehog)	(bunch)
Lingual	ट *ṭa*	ठ* *ṭha*	ड *ḍa*	ढ* *ḍha*	ण* *ṇa*
	(start)	(anthill)	(dart)	(godhead)	(under)
Dental	त *ta*	थ *tha*	द *da*	ध* *dha*	न *na*
	(path)	(thunder)	(that)	(breathe)	(numb)
Labial	प *pa*	फ* *pha*	ब *ba*	भ *bha*	म *ma*
	(spin)	(philosophy)	(bin)	(abhor)	(much)
Others	य *ya*	र *ra*	ल *la*	व *va*	
	(young)	(drama)	(luck)	(vile)	
	श *śa*	ष *ṣa*	स *sa*	ह *ha*	
	(shove)	(bushel)	(so)	(hum)	
	क्ष *kṣa*	त्र *tra*	ज्ञ *jña*	ळ* ḷ	ॠ* *r̥̄*
		(*kṣatriya*)	(*trishūl*)	(*jñāni*)	(*play*)

अं (ं) *ṁ anusvāra* (nasalization of preceding vowel) like *saṁskr̥ti*

अः *ḥ* (*prātaḥ*) *ḥ visarga* (aspiration of preceding vowel)

ऽ 'Avagraha' = consonant #'consonant (like:- *ime 'vasthitā*)

ꣳ (*guṁ*) = ꣳ

Anusvāra at the end of line is presented by म् = m (not ṁ)

* No exact English equivalents for these letters.

Introduction

In continuation of the convention set up since its establishment, the Special Centre for Sanskrit Studies, Jawaharlal Nehru University, celebrated yet another Sanskrit Week 2006 on the occasion of Śrāvaṇī Pūrṇimā and decided to publish the proceedings under its Tenth Plan Research and Publication Programme. Accordingly, the theme for the series of lectures to be delivered under this programme, this year, was chosen as *Sanskrit and Indian Languages*.

We are glad to report that the Sanskrit Week celebration succeeded in generating an awareness about the contemporary relevance of such themes highlighting the mutual influence and interaction between Sanskrit and other Indian languages which is not just a historical or linguistic fact but is also a very vibrant and visible living phenomena.

Esteemed Vice-Chancellor of JNU, Prof. B.B. Bhattacharya, while inaugurating the programme, expressed his happiness over the appropriateness of the theme and wished speedy publication of its proceedings.

It is very heartening to note that in the Sanskrit Week Programme 2006, we were fortunate to have two sitting chancellors, three sitting vice-chancellors and one former vice-chancellor as speakers in the programme who not only inspired us with their benign presence but also obliged us by providing formal text of their speeches for inclusion in this book. We are really beholden to them as also to all other speakers and contributors.

Prof. Vachaspati Upadhyaya, who was the chief guest at the inaugural session of the programme, highlighted the underlying influence of Sanskrit on the thought-pattern of Indian literature in general. He did not treat the topic in its literal, limited sense but delved deep into the essential features of ways of thinking of Indian people and traced them to Sanskritic sources. His article संस्कृतं भारतीय-भाषाश्च covers a comprehensive canvas of literary creations across the country.

Prof. Namwar Singh, who chaired the inaugural session in the programme, has been kind enough to write a foreword to the volume. He has, in his own inimitable style, dealt with the theme from the point of view of relation between Sanskrit, Hindi, Prakrit and Apabhraṁśa. He has argued that while deliberating upon the topic "Sanskrit and Other Indian Languages", we have to take into account both the scholarly as well as popular points of view.

The keynote address in the progamme was delivered by Prof. Kapil Kappor. He enunciated the theme from the aspect of historical linguistics and highlighted structural as also the verbal reciprocation between Sanskrit and other Indian Languages. We sincerely regret that in spite of our repeated requests, he was not able to provide us the written form of his paper in due time and we could not wait any longer since we were forced to work within the stipulated period, this being the closing of the Tenth Plan.

The first lecture in the series was delivered by Prof. Satkari Mukhopadhyaya. His presentation titled संस्कृतं बङ्गभाषा च उभयोर्मिथः सम्बन्धः is indeed a tribute to the continuity and inherent variety of linguistic enterprise on Indian soil. Dwelling mainly on the literary sources of Bengal, he has sought to demonstrate the deep impact of Sanskrit on its vocabulary and expression.

The next paper in this collection उर्दू और संस्कृत is contributed by Dr Wagish Shukla. He has argued that the affinity between the two languages can either be discussed from purely linguistic context which is just an external feature or from literary aspect which is much wider and deeper in its cultural connotations. He has mainly delineated upon the later aspect and brought out the underlying connection between Urdu and Sanskrit literature. According to him, there is not much to discuss from the former point of view, since both the languages belong to one and the same linguistic family.

In the next paper संस्कृत और तमिल, Dr H. Balasubramaniam has endeavoured to bring out the mutual influence and interrelation between the two languages on the basis of their written and the spoken forms. He has broadly based his exposition on the similarity of words and has also discussed a few common features of Indian culture between north and south.

Prof. Satyavrat Shastri, in his article पंजाबी और संस्कृत-अन्तःसम्बन्ध has briefly deliberated upon the clear and close connection as available between the spoken words of Punjabi and Sanskrit. He has also pointed out the variety of dialects and referred to some special traits of Punjabi language.

Prof. V.R. Pancamukhi, the author of the next paper entitled *Sanskrit and Kannada* has stated that Kannada language has been extensively enriched by the overarching influence of Sanskrit, not only on the vocabulary, but also on the grammar and themes of literature. He has also argued for the expansion of interaction between the two languages in a manner which would be mutually reinforcing and refreshing.

Prof. V. Kutumb Sastry in his article *Telugu and Sanskrit* has discussed the relation of Sanskrit with Telugu from various points of view such as: large scale and near total translation of original Sanskrit works in Telugu, adopting the techniques of Sanskrit grammar and employing various kinds of literary activities like अष्टावधान, शतावधान and सहस्रावधान which is one of the distinctive features of Telugu poets. Quoting widely from the Telugu literary works, he has demonstrated several instances of rare Sanskrit usages therein.

The next paper *Sanskrit and Gujarati Literature, With Special Reference to Kālidāsa* by Prof. R.I. Nanavati highlights the impact of classical Sanskrit literature on Gujarati literature through literary translations and fresh renderings to suit the age and locale of contemporary Gujarati poety. In this exercise, he has not only listed several Gujarati translations of various works of Kālidāsa but has also quoted from some of the independent Gujarati poems which have been inspired by Sanskrit classics.

Vedic Sanskrit and Kashmiri Language is contributed by Prof. B.N. Kalla. The learned scholar has rejected the thesis put up by Grierson and others that Kashmiri language belongs to Dardic group, and has opined that Kashmiri is not different from Indo-Aryan group. He has elaborated his viewpoint through exhibiting similarities between Vedic Sanskrit and Kashmiri language on the basis of phonetics, wordology, morphology, syntax and semantics.

Prof. R.N. Sharma has, in his article on *Sanskrit and Assamese,* described the mutual similarities on the basis of *liṅga, kāraka* and *śabda-vibhakti* in both these languages. He has stated that about 75 per cent of Sanskrit words are directly used in Assamese. Moreover Sanskrit influence has tempered, refined and polished the manners and character of Assamese.

The next paper titled *Impact of Sanskrit on Post-Colonial Malayalam Literature* contributed by Prof. C. Rajendran claims that a stunning 80 per cent of the vocabulary of the scholarly usage of the languages like Malayalam is constituted by Sanskrit. Drawing heavily from the modern Malayalam literature, the author has concluded that Sanskrit literature has remained a constant source of reference and inspiration to the present literary world of Malayalam.

The next article by K. Meenakshi focuses primarily on *Relationship Between Sanskrit and Tamil Grammars.* In a comparative and comprehensive study of Sanskrit and Tamil grammars, the author has considered the feasibility, motivation and the manner in which Sanskrit model has been adopted in Tamil grammatical tradition.

Last but not the least, *The Case for Sanskrit as India's National Language* by Makarand Paranjape, a professor of English, articulates in a convincing manner for adoption of Sanskrit as the national heritage language of India. The author has listed several arguments in favour of Sanskrit as a national language of India and has asserted that we need to distinguish between national language and official language:

> But if by 'national language' we meant a language which is important to national identity, a language that unifies, a language that is a source of pride, a language that defines and contributes to peoples' identity, a language moreover that is neither sectarian nor exclusive to any particular group, then Sanskrit fits the bill.
>
> Sanskrit is a language that all Indians need to learn in order to have a better understanding of their identity. It is the language that is necessary for an appreciation of who we are. While other languages, including one's mother tongue, are also identity languages, Sanskrit is singular in that it provides the sources of the deeper self of India which no other language does so effectively.

1

संस्कृतं भारतीयभाषाश्च

वाचस्पति उपाध्याय

संस्कृतं नाम पुरातनी समृद्धा वैज्ञानिकी विश्वमनीषिजनप्रशस्ता सा भाषा, यदीयवर्णमालायाः वर्गीकरणसूक्ष्मतापरिज्ञानेन न केवलं शुद्धोच्चारणक्षमता समेधते अपितु सुतरां सिध्यति वाण्याः अप्रतिमः परिष्कारः।

न केवलं संस्कृतादुद्भूताः प्रभाविताश्च भारतीयाधुनिकभाषाः प्रत्युत अस्या उद्भूताः प्रभाविताश्च एशिया-यूरोपीया अपि अनेका भाषाः। बहुभिश्च वैशिष्ट्याधायकहेतुभिस्ताः संस्कृतभाषाया आधमर्ण्यं वहन्ति, संभवति चैतज्ज्ञानेन बह्वनां भाषाणां सुगमताऽवगमे। अवगन्तुं शक्यते सारल्येन पाली, प्राकृतम्, अपभ्रंशभाषा, तद्गतं साहित्यमस्याध्ययनेन। संस्कृतभाषाज्ञानविरहादेव छात्रा अध्यापकाश्चापि स्वभाषायास्तत्समशब्दानामपि शुद्धप्रयोगे नार्हन्ति। संस्कृतभाषायाः पाणिनीयं व्याकरणं तादृशमाश्चर्यमयं कृत्यं, यादृशं नावलोकितं ततः प्राक् सम्पूर्णेऽपि संसारे केनापि, रचनायाः कथा तु दूरमास्ताम्। संस्कृतभाषायां व्यञ्जनवर्णरचना वस्तुतो मानवप्रतिभाप्रकर्षस्य अत्यद्भुतमेव निदर्शनम्।

संस्कृतस्य अप्रतिमं वैशिष्ट्यं जगता सहास्याः समरसता सांस्कृतिकसमरसताया अस्या दृष्टेः सर्वातिशायिनी शक्तिः अभिव्यक्तिश्च काव्यसाहित्ये लभ्येते। तत्र उभयविधपरिवेशस्य समरसतादृष्टिप्राप्तये यत्नस्तथा प्रबलो नास्ति यथा समरसतामार्गे या बाधा यच्चावरणं तयोरपनयनार्थम्।

संस्कृतभाषिणामपरं वैशिष्ट्यं स्वातन्त्र्यस्य परिकल्पना। आत्मार्थं पृथिवीं त्यजेत् इति न पृथिवीतिरस्कारार्थम् अपितु आत्मनि पूर्णतया आत्मानमवस्थापयितुम्। स्वातन्त्र्यं नाम न परेषां लोपः अपितु स्वत्वस्य विस्तारः। अभिनवगुप्तेन स्वात्मायतनविश्रान्तप्रतिभाया या परिकल्पना कृता, सा अखण्डबोधस्य कल्पनास्ति। तत्स्वातन्त्र्यस्य कामना स्वत्वसीमयैवास्ति न तु परस्य।

अतो बौद्धिकताटस्थ्ये अस्मिंश्च स्वातन्त्र्ये महदन्तरम्। अनुभवस्य सार्थकत्वं तस्य बौद्धिकत्वे, तस्य स्वसंविद्विश्रान्तौ वर्तते। स्वातन्त्र्यबाधानां युगपत् मुक्तिकामना न क्रियते यतः बाधानिवारणमुन्नत्यैव विधीयते न तु वर्जनेन, इयं जीवनस्य अखण्डदृष्टिः संस्कृतभाषिसमुदाये लभ्यते।

संस्कृतसाहित्ये एक ईदृश आकर्षको गुणः, य इमं पाश्चात्यसाहित्याद् व्यतिरेचयति। संस्कृतसाहित्ये वस्तुजगत् द्रष्टुं यत्नः केनचिदेकेन वातायनेन न विधीयते। यथा तात्पर्यम् अनुभावकानां सहृदयानां मनसि तदस्ति तथैव तत् साहित्येऽभिव्यज्यते। अतः साहित्यस्यार्थः न काल्पनिको न वा वास्तविकः। स च शब्देनोच्यते चेदानुभविकोऽस्ति, प्राचीनभारतीयसंस्कृतसाहित्यकलायाम् अङ्गविशेषे केन्द्रितो न भवति, न च ऐन्द्रियग्रहणे सीमितः, सोऽर्थः संवेदनेन शब्दाकाशे क्षिप्तः प्रतीक्षितो भवति।

पाश्चात्यसाहित्यम् ऐतिहासिकतया ग्रस्तम् किन्तु प्राचीनभारतीयसाहित्यस्य आराध्यजना इतिहासाद् मुक्ता विद्यन्ते। यथा इतिहासनिरपेक्षो रामः सत्यः, अतस्तस्य भारतीयसाहित्ये प्रतिक्षणं सन्तानवाहिनीधाराणां जीवनस्य गतिशीलप्रवाहे बलमस्ति। पाश्चात्यालोचका यमैतिहासिकबोधस्य शोचनीयमभावं कथयन्ति, स संस्कृतसाहित्यस्य दौर्बल्यं नास्ति प्रत्युत स शक्तिरूप एव, यतोहि स इतिहासमूल्यमात्रं सूचयति, इदं पुनः साहित्यप्रयोजनसूचनातः अपि समुन्नतं विदधाति। प्रकृतिवर्णनस्योद्देश्यं न केवलं वस्तु-विवरणमपितु तन्मयापादनम्। जीवनधर्मेश्वरप्रकृतीनां पृथक्-पृथक् सीमा नास्ति, एकस्या एव सत्तायाः विभिन्ना पक्षाः सन्ति, प्रकृतेरभ्यन्तरं कृत्वा ततो गृहीत्वापि तत् स्वस्मिन् अधिष्ठाप्य स्वचैतन्येन प्रक्षालयितुं चैतन्यं संस्कृतसाहित्ये विद्यमानमस्ति।

प्राचीनसंस्कृतसाहित्ये भारतस्य निर्धारणं न केवलं कैश्चिद् भौगोलिकैरभिमतमस्ति, तन्निर्धारणं विशालस्य एकस्य कुलस्य कल्पनाद्वारा जायते, यत्र पर्वतनदीतो देवकिन्नरादिं यावत्, पशुपक्षितो वनस्पतिं यावत्, सर्वे प्राणिनः समानरूपेण सहभागिनः सन्ति। हिमालयो न केवलं भारतमानदण्डः, अपितु पृथिव्याः, गङ्गा न केवलमुत्तरभारतस्य नदी, अपितु त्रिभुवने प्रवहमाना शुचितायाः धारा। विन्ध्याटवी न केवलं भारतस्य मेखला, अपितु समस्तस्य भूमण्डलस्य, तदित्थं भारतस्य सीमानिर्धारणं मुख्यत आचरणेन, आचरणे एकान्तनिष्ठया च भवति। तपसः कर्मणश्चेयं भूमिः सदैव आत्तज्यं धनुरस्ति, दीप्यमाना यज्ञवेदी अस्ति।

शिवदृष्टिरपि अस्माकं विशेषः। देहं शिवमयं विधातुं यद् बलं तद् मङ्गलान्तकल्पनायाः मूलम्। यत्र देहस्य दृष्टजगतो वा पारमार्थिकदृष्टेः प्रतिकूला स्थितिर्भवति तत्रैव दुःखेऽनन्तता। शिवत्वकल्पना भारतीयसंस्कृतेः विराट् कल्पनास्ति। योगीश्वराणां योगफलम् आत्मजगतोः

ब्रह्मणि विलयः, शक्त्या सामरस्यं स्वकञ्चुकेभ्यः पूर्णं स्वातन्त्र्यम् अमृतकलायाः स्फुरणं, त्रितापनिवारिण्या गङ्गायाः अभिषेकः। अस्माकं पुरस्ताद्विद्यते शिवोपलक्षिता समग्रसाधना, व्यष्टिसमष्ट्योः सामञ्जस्यं, जीवनस्याखण्डबोधः। संस्कृतसाहित्ये शिवत्वस्य स्थितिः लोकोत्तरस्थितिः, अतिक्रामिणी स्थितिः।

वैष्णवसाधनाया ऐतिहासिकक्रमपरिणतेरनुशीलनेन ज्ञायते यद् अत्र रस-साधनाया धारा विशेषरूपेण श्रीकृष्णोपासनायामेव प्रवाहिता विद्यते। महाप्रभुगौराङ्गदेवस्यान्तरङ्गपार्षदेषु श्रीरूपगोस्वामिश्रीसनातनगोस्वामिनोः तथा अन्यगौडीयाचार्यरचनासु एतद्दृश्यते। वल्लभाचार्यसम्प्रदायेऽपि स्वयं महाप्रभुश्रीवल्लभाचार्येण तदात्मजेन विट्ठलनाथेन च स्वकीयेषु लेखेषु अत्र पर्याप्तप्रकाशः प्रक्षिप्तः।

राम-भक्तिधारायामपि "रस-साधना" विद्यते। यद्यपि रामः मर्यादापुरुषोत्तमः, श्रीकृष्णश्च लीलापुरुषोत्तमः, तथापि रामभक्तावपि रसिकसाधना विद्यत एव। भगवतीप्रसादसिंहरचिते "रामभक्ति में रसिक-सम्प्रदाय" नामकग्रन्थे अत्र प्रकाशः प्रदत्तः। श्रीरामभक्तिधारा यद्यपि प्राचीनकालादेव प्रसृता, तथापि अस्याः विकासो विशेषरूपेण अष्टमशताब्द्यामेव जातः। "शाठकोप" नाम्मालवारात् प्रभृति "श्रीकृष्णदासपयहारी" पर्यन्तं श्रीरामचन्द्रविषयकस्य यस्य साहित्यस्य रचना जाता, तस्मिन् "रसिक-भावनाया" छाया स्पष्टमवलोक्यते। यद्यपि, अस्य सम्प्रदायस्य प्रवर्तकः "अग्रदास" एवेति मन्यते, तथापि तस्य पूर्वाचार्यस्य स्वामिरामानन्दस्य रचनासु "रस-साधनाया" मूलत्तत्त्वानां बीजरूपेण व्याप्तिरस्ति। तत्र नवधाभक्तेरुपरि "प्रेमलक्षणापि" भक्तिरर्घीकृता। तत्र भगवता सह जीवस्य भागमूलकः "भार्याभर्तृ-सम्बन्धोपि" स्वीकृतः। कबीरः वदति" प्रिय मेरे राम मैं राम की बहुरिया"।

रसिक-साधनापद्धत्यामागमसाहित्यस्यापि योगदानं बहुमूल्यमस्ति। तत्र "अगस्त्य-संहिता," सदाशिवसंहिता, हनुमत्संहिता, प्रभृतय उल्लेखनीयाः। साम्प्रदायिक-रामकाव्येषु तथा रामसाहित्ये च माधुर्यभावनाया विकासस्य परिचयो मिलति। इदं साहित्यं, कम्बनरामायणं परित्यज्य पञ्चदशषोडशशताब्द्या अस्ति इति विज्ञाप्यते। भागवतसम्प्रदाये मधुर-भावोपासनायाः प्रचालनस्य प्रमाणानि "भक्तमाले" उल्लिखितानां भक्तानां विचारधारैवास्ति। यद्यपि तुलसीदासेन रामस्य मर्यादापुरुषोत्तमत्वं विज्ञापितम् , तथापि सोऽपि अनया धारया प्रभावितो विद्यते। तत्समकालीनस्य राज्ञः "अकबरस्य" मुद्रासु "रामसीय"-टङ्कणेन, तस्यापि श्रीरामं प्रति आस्था व्यज्यते। गोस्वामितुलसिदासतिरोधानानन्तरं शतं वर्षाणि यावत् एक अवसादयुगः प्रवर्तितः। तस्य प्रधानकारणानि सन्ति-धार्मिकासहिष्णुता, सामाजिकाधःपतनं, साम्प्रदायिकसंघर्षश्च। मुगलसाम्राज्यस्य पतनानन्तरं पुनरप्यस्या उत्थानमभूत् अष्टादशशताब्द्याम्। ऊनविंशतिशताब्द्यामेषा पूर्णविकासमवाप्नोत्।

मुगलसाम्राज्यपतनानन्तरं यदा पुनरपि हिन्दूजागरणं जातम्, देशे शान्तिस्थापनायाः शासने व्यवस्थायाश्च सुप्रतिष्ठाया फलस्वरूपं सांस्कृतिक-विकासस्य द्वारमुन्मुक्तम्। अस्मिन्काले सर्वेऽपि हिन्दू-सम्प्रदायाः समुन्नतिं याताः। वैदिकपरम्परापोषकरूपेण प्रवर्तितस्य आर्यसमाजस्य योगदानमस्मिन् क्षेत्रे महदुल्लेखनीयं वर्त्तते यतो हि अस्य संस्थापकेनापि च बहुभिरनुयायिभिः संस्कृत-हिन्दीमाध्यमेन प्रभूतं साहित्यं प्रणीतम्। वैष्णवेषु श्रीकृष्ण-श्रीरामभक्त्योः घनिष्ठ-सम्बन्धस्थापना अस्मिन्नेव काले जाता, मुगल-शासनकाले श्रीविष्णु-स्वामिप्रवर्त्तितस्य रुद्रसम्प्रदायस्य सम्भारः श्रीबल्लभाचार्यस्कन्धोपर्यागतः। अस्य सम्प्रदायस्य बहवो ग्रन्थाः संस्कृते हिन्द्याञ्च संल्लिखिताः।

वस्तुतः रसिकसाधनाया मूल्यवत्साहित्यं गौडीयसम्प्रदाये विरचितम्। उत्कलीयसाहित्ये महाप्रभुचैतन्यदेवस्य भक्तेषु पञ्चसारवेषु येन प्रकारेण भक्ति-साधनायाः प्रचारो जातः, तस्य प्रकृतौ बङ्गीयवैष्णवोपासनातः — किञ्चिद्वैलक्षण्यं विद्यते। उत्कलीयवैष्णवसाधनायाम् — उत्कले प्रचलितस्योत्तरकालीन "बौद्धधर्मस्य," नाथसम्प्रदायस्य शैवशाक्तागमानां, पौराणिक-कृष्णभक्तेः, विभिन्नभागीय-रस-साधनायाश्च स्पष्टः प्रभावो वर्तते। तत्र महाप्रभोः व्यक्तिगतजीवनस्य प्रभावस्तु अस्त्येव मध्ययुगीनसन्तसाधनाया अपि यस्मिन् कस्मिन्नंशे प्रभावोऽस्त्येव।

श्रीयशोदासस्य "प्रेमभक्तिब्रह्मगीता" नामके ग्रन्थे तृतीयाध्याये नित्यरासस्य यद्वर्णनं मिलति, तस्मिन् रामनामरहस्यवर्णनं मिलति। तत्रोक्तं विद्यते यद्-रासमण्डलस्य नित्यस्थल्यां जीवात्मपरमात्मनोर्यो लीलाविहारः स एव रामनाम्नः तात्पर्यम्। तयोरुभयोरवस्थानं मानवदेह एवास्ते तदुपरि यदनक्षरमस्ति, तदूर्ध्वं महाशून्यं विद्यते यतो नैरन्तर्येण नाम्नः क्षरणञ्जायते।

इत्थं निष्कर्षतयेदमवधारणीयं यत्संस्कृतवाङ्मयपरम्परात एव गृहीतान् लोकोपकारकान् भावान् परिगृह्य सन्तसमाजेन तत्तद्युगे सकलविधलोककल्याणं विहितम्। साम्प्रतमपि संस्कृतवाङ्मयप्रसृतामृतधारयैव लोकभाषामाध्यमेन वा साक्षात्संस्कृतमाध्यमेन वा लोकसंरक्षणं संवर्द्धनञ्च कर्त्तुं शक्यते।

भारतीयसंस्कृतेः सर्वश्रेष्ठगुणोऽस्ति तावदध्यात्मप्रवृत्तिः। साऽन्तर्बाह्य- समस्तस्थितिषु ब्रह्मव्याप्तिमङ्गीकरोति। प्रकृतेः समस्ताः क्रियाः ब्रह्मणः परमशक्तिभिः सञ्चालिताः सन्ति। अस्माकमपि समस्ताः साधनाः तस्यैवानुसन्धाने रताः सन्ति। यावत्तस्य प्राप्तिर्न भवति न तावद्विश्रान्तिः प्राप्तुं शक्या। यथोक्तमथर्ववेदे —

"कथं वातो नेलयति कथं न रमते मनः।
किमापः सत्यं प्रेप्सन्तीर्नेलयन्ति कदाचन॥" (10/7/37)

अयं भावः — अयं वायुः कथं चलति? अयं स्थिरः कथं न जायते? इमानि जलानि कथं प्रवहन्ति सततम्? कथन्न स्थैर्यं भजन्ते? एतन्मनः कथं न रमते? प्रतीयते यदेते सर्वे सत्यस्वरूपं परमात्मानमन्विष्यन्ति। एतेषां गतिपर्यवसानं मन्ये तस्मिन्नन्ते एव भविष्यति।

सन्त-साहित्येऽपि अस्योल्लेखो बहुवारमागतः। तद्यथा —

दीनानाथ-दीनदयाल-दीनबन्धु

1. दीनानाथ अनाथ यह कदुपार न पावै। (गुरगीत०, पृ०-43)
2. दीनानाथदयाल भक्त की पद करो। (धरमदास, पृ० 23)
3. दीनदयाल कृपाल कृपानिधिकरहुछिमा अपराध हमारे। (धरमदास, पृ० 26)
4. दीनबन्धु करुनामयी ऐसे रघुराजा। (मरमूकदास, पृ० 8)

सन्तकवयो यद्यपि निर्गुणोपासका आसन् तथापि कर्मवादे पुनर्जन्मवादे च एतेषां निष्ठा सुस्पष्टा भाति।

कर्नाटकसाहित्यं व्याससाहित्यं दाससाहित्यमिति द्विधा विभक्तम्। तत्र व्याससाहित्यं नाम संस्कृतसाहित्यमेव, श्रीव्यासाचार्यश्रीमन्मध्वाचार्यटीकाचार्यश्रीराघवेन्द्र-स्वामिप्रभृतिभि-र्विद्वत्तल्लजैः संस्कृतमाध्यमेन प्रणीताः ग्रन्था अन्तर्भूताः। दाससाहित्यञ्च पुरन्दरदास-जगन्नाथदासकनकदासविजयदासप्रभृतिभिः कर्नाटकभाषायां प्रणीतम्।

अत्र दाससाहित्ये विशेषतः हरिदाससाहित्ये श्रीमध्वाचार्यैः "हरिः सर्वोत्तमः वायुः जीवोत्तमः" इति यः सिद्धान्तः प्रतिपादितः स एव पद्यरूपेण प्रस्तूयते।

1. तद्यथा — "सत्यं जगतिदु पञ्च भेदवु नित्य श्रीगोविन्दना।
   कृत्यवरितु तारतम्यदि कृष्णनधिकेन्दु सारिरै॥"

जगदिदं सत्यम्, अत्र जीवजीवयोः जडजडयोर्जडजीवयोः जीवेश्वरयोः, जडेश्वरयोः भेदः नित्यः। अतः सर्वैः तारतम्येन स्वकर्मानुष्ठानपूर्वकं जीवनयापनं कार्यम्। श्रीकृष्ण एव सर्वोत्तम इति सर्वत्र प्रचारः कर्तव्यः।

अत्र पुरन्दरदासैः संस्कृतसाहित्ये यत् प्रतिपादितं तदेव गीतरूपेणोक्तम्। क्वचिच्च अन्यत्र श्रीलक्ष्मीपार्वतीसंवादमुखेन विष्णोः सर्वोत्तमत्वं प्रदर्शितम्।

2. "पुरन्दरविठल सर्वोत्तम केळे भवानि"

   अत्र बहुभिर्दृष्टान्तैः श्रीरमाश्रीविष्णुरेव सर्वोत्तम इति भवानीम्प्रति सम्यक् प्रतिपादयति।

क्वचिच्च भगवान् नारायणः संसारसागरस्य तारकरूपेण नौकायानस्य चालकरूपेण कीर्तितः —

"अम्बिग नानिन्न नम्बिदे अदकोम्बत्तु छिद्रगळम्बिग"

त्वमेव मम तारकः, अहं तव शरणमागतोऽस्मि। अत्र भगवद्गीतोक्तशरणागतिः "सर्वधर्मान् परित्यज्य मामेकं शरणं व्रज" इत्यादावुक्ता प्रदर्शिता।

4. अन्यत्र क्वचित् "गृहीत इव केशेषु मृत्युना धर्ममाचरेद्" इति नीतिः प्रदर्श्यते — "कागदबन्दिद्दे नम्न कागदबन्दिद्दे निम्मज्जिमनेयिन्द कागद बन्दिद्दे।" मातुलगृहात्पत्रमागतमस्ति, सद्य एव गन्तव्यमिति पद्यस्यार्थः।

5. कनकदासैः विष्णोर्भजने सर्वेषामधिकार इति युक्तिभिः प्रदर्शितम् — "आत्म यावकुल परमात्म याव कुल" अयं भावः — आत्मनः कुलं किम्? परमात्मनः कुलं किम्? श्रीविष्णोः सेवायां सर्वेषामेव अधिकारः समानरूपेण विद्यते। एवं कर्नाटक-हरिदाससाहित्यं संस्कृतसाहित्यमेवाश्रित्य प्रवृत्तम्। संस्कृतसाहित्ये यदस्ति तदेव सरलभाषामाध्यमेन पद्यरूपेण दाससाहित्ये दृश्यते।

एकोनविंशतितमशताब्द्यां उत्तरार्द्धे राजाकेरलवर्मणो भ्रातृव्यः रामराजवर्मा स्वविद्यार्थि-जीवने संस्कृते एकं नाटकं लिलेख — "गीर्वाणीविजयम्"। अस्मिन् नाटके संस्कृतभाषा खिन्ना सती विलपन्ती ब्रह्मणः समीपं आगत्य कथयति मम देशे भारते एव इदानीं मम दुर्दशा भवति। अहं एकया विदेशीभाषाया अंग्रेजीद्वारा दासीकृता। मम कन्यकाः अन्याः भारतीयभाषाः कलहायन्ते। ब्रह्मणः आदेशात् अन्याः भारतीयभाषाश्च ब्रह्मलोकम् आययुः। वैदेशिकवेशभूषया प्रविष्टा आँग्लभाषा Good Morning Sir, इत्युक्त्वा ब्रह्माणं अभिवादयते। आँगलं संस्कृतं च स्वविवादं ब्रह्मणः पुरस्तात् स्थापयतः नारदश्च आँगलभाषायाः वैगुण्यं परिगणयति। अन्ते ब्रह्मा सर्वासु भाषासु मिथः सौहार्दं स्थापयति।

यथा धर्म-विचार-जीवन-पद्धतीनां भेदस्य विद्यमानत्वेऽपि भारतीयसंस्कृतेरकता असन्दिग्धा। तथाऽनेकभाषाणाम् अभिव्यञ्जनपद्धतीनां भेदस्य विद्यमानत्वेऽपि भारतीयसाहित्यस्य मूलभूतमेकत्वानुसन्धानं सहजमेव। न केवलं भारतीयसाहित्यस्य प्राचुर्यं वैविध्यं वा अपूर्वम् अपितु तस्येयं मौलिकी एकता ततोऽपि रमणीया। वस्तुतो भारते भाषा अनेकाः किन्तु साहित्यिको रचनासंसारस्तु एक एव। एकविधानि रूपकाणि, प्रतीकाः, अनुश्रुतयः, प्रणाल्यः, नियमानामेकः सर्वसामान्यो निकायो विगतेभ्यः सहस्राधिकवर्षेभ्यो विकसितः सन् प्रादेशिकभाषाणां सत्त्वेऽपि भारतीयभाषासु रचितसाहित्यस्य एकरूपतां

प्रकटीकरोति। अस्या एकरूपताया विस्तारः संस्कृतभाषायास्तदीयसाहित्यिकपरम्पराया आश्रयेण अभूत्। संस्कृतस्य ऐश्वर्यं प्राचुर्यं वा कोऽपि निषेद्धुं नार्हति, नानाविधानां सामाजिक-राजनैतिक-धार्मिक-दार्शनिक विचाराणां स्रोतोरूपेण तस्य सञ्चारणेन संस्कृतं भारतीयसंस्कृते-रितिहासं समृद्धमकरोत्,एकताञ्च समपोषयत्। अतः पण्डितनेहरूमहोदयस्य एतत्कथनम-तीव उचितमेव यत् — एकमेव सांस्कृतिकं परिवेशजीवनं च लक्ष्यीकृत्य एकविधदृष्टेः फलस्वरूपं भारतीयताया एक एवंविधस्वरो विकसितोऽभूत, यो विविधतायाः सत्त्वेऽपि अस्मानेकसूत्रे आबध्नाति। यथोक्तं "विश्वगुरु" विरुदविभूषितेन बङ्गकविना रवीन्द्रनाथटैगोर-महोदयेन —

आर्या ! अनार्या ! इह वै समेत
समेत सर्व्वे धृतहिन्दुधर्माः,
समेत मोहम्मदधर्मवन्तः
खृष्टानसंज्ञाः सकलाः समेत,
सर्व्वे तथाङ्गलाः समुपेत चाद्य।
समेत विप्रा ! कृतचित्तशौचाः
गृह्णीत हस्ते सकलस्य हस्तम्।
समेत्य भो भोः पतिताश्च सर्व्वे
दूरं कुरुध्वं ह्यपमानभारम्।
अस्मज्जनन्या अभिषेककार्ये
समेत सर्व्वे द्रुतया च गत्या।
संस्पर्शपूतैः सकलस्य पश्य
शुभो घटस्तीर्थजलैर्न पूर्णः।
एताद्य भो भारतपुण्यभूमे-
रस्मिन् महामानवसिन्धुतीरे ॥

अन्ते च। वैदिक्या वाचा एतदेव प्रार्थये —

॥ यामृषयो मन्त्रकृतो मनीषिणः।अन्वैच्छन् देवास्तपसा श्रमेण।
तां देवीं वाचम् हविषा यजामहे। सा नो दधातु सुकृतस्य लोके॥

— तैत्तिरीयब्राह्मण, II.8.8

2

संस्कृतं वङ्गभाषा च
उभयोर्मिथः सम्बन्धः

सातकडि-मुखोपाध्यायः

॥श्रीः ॥

॥मङ्गलाचरणम् ॥

भारतीय शिष्टाचार परम्पराम् अनुसृत्य मङ्गलाचरणपूर्वकं प्रारभ्यते। श्लोकाभ्यां द्वाभ्या मङ्गलाचरणं क्रियते, एकेन वाग्देवीवन्दनम्, अपरेण तु गीर्वाणवाणीप्रशस्तिः –

॥श्रीसरस्वतीवन्दनम् ॥

या देवी सितपङ्कजासनवरासीनाऽक्षमालाकरा
वीणाझंकृतिनष्टसर्वजडता स्मेरप्रफुल्लानना।
या वाक्यार्थपदप्रमाणविभवा या सर्वभाषात्मिका
तां वाचामधिदेवतां भगवतीं वन्दे सदा भारतीम् ॥

॥गीर्वाणवाणीप्रशस्तिः ॥

या श्रुत्यादिसमस्तशास्त्रजननी या सर्वविद्यावनि-
र्या धर्मादिपुमर्थसार्थभरणी याऽज्ञानविद्राविणी।
या वन्द्या भुवि विश्वशीःप्रसविनी या धीसमुन्मेषिणी
सा वाक् शिष्टजनोदिता विजयते ब्राह्मी सुधास्यन्दिनी ॥

अपि च –

मञ्जुमधुररसा प्रवाहस्वच्छा सुतीर्थप्रशस्ता या ।
गाढमवगाढा पुनीते गङ्गा च बङ्गालवाणी च ॥

मम अद्यतनभाषणस्य विषयः "संस्कृतं वङ्गभाषा चे" त्यस्ति अत्रभवत्या श्रीमत्या शशिप्रभादेव्या आदिष्टम् । वस्तुतस्तु तयोर्वाचोर्मिथः संबन्ध एव भाषणस्यास्य उपजीव्यो विषय इति तात्पर्यमनुमीयते ।

अतः प्रथममेवैतद् विमर्शनीयम् किमेतत् "संस्कृतं" नामेति । "संस्कृते" ति शब्दस्य सुप्राचीनकालत एव प्रयोगो दरीदृश्यते । ब्राह्मणग्रन्थेषु श्रौतादिकल्पसूत्रेषु च संस्कृतशब्दो बहुलतया प्रयुज्यते । भगवता पाणिनिना "संपरिभ्यां करोतौ भूषणे" इति सूत्रितम् (६/१/१३७) । तत्रानुवृत्त्या "सुट्" इति लभ्यते । अतः संपूर्वकात् परिपूर्वकाच्च कृधातोर्भूषणेऽर्थे सुडागमो भवति । "सुट्" इत्यस्य टित्त्वात् "आद्यन्तौ टकितौ" (१/१/४६) इति सूत्रेण कृधातोः पूर्वमेव "स्" आगमो भवति । तेन "संस्कार-संस्कृति-संस्कृत-परिष्कार-परिष्कृत" – इत्येवमादयः शब्दा निष्पद्यन्ते । अतः "संस्कृत" शब्दस्य भूषितम्, अलङ्कृतम् , विशुद्धीकृतम्, परिशीलितम्, सुव्यवस्थितम् इत्येवमादयोऽर्थाः प्रसिद्धिं गताः । तस्मादेव "दोषापनयनपूर्वकं गुणाधानं संस्कारः" इति तात्पर्यमध्यवस्यति । यथा – "संस्कृतः सोमः" "संस्कृतं हविः" इत्येतादृशाः प्रयोगा भूरिश उपलभ्यन्ते । अद्यत्वे संस्कृतशब्दो भाषाविशेषस्य नाम्नि रूढः । तथा सति प्रश्नोऽयं प्रसङ्गप्राप्तः "का नाम सा भाषा या संस्कृतनाम्ना व्यपदिश्यते" इति । तत्र वयं ब्रूमः – मन्त्रद्रष्टृभिः ऋषिभिर्मन्त्रान् दृष्ट्वा यया भाषया तैर्मन्त्रा निगदिताः, यया च ब्राह्मणारण्यकोपनिषदाद्या वेदविभागाः सन्दृब्धाः यया पुनः षड् वेदाङ्गानि व्याकृतानि व्याकरणदर्शनादिशास्त्रीयसूत्राणि प्रणीतानि, शंकररामानुजाद्यैराचार्यैर्वेदान्तप्रस्थानानि व्याख्यातानि भासकालिदासाश्वघोषशूद्रकभारविप्रभृतिभिर्महाकविभिः परःसहस्राणि श्रव्यदृश्यकाव्यानि विनिर्मितानि, किं बहुना यया भाषयाऽस्मदाचार्यदेशीयैरध्यापकश्रीमत्सत्यव्रत-शास्त्रिचरणैरन्यूनदशसंख्यकमहाकाव्यानि विरचितानि, यया च पुनरयमधन्यो भवत्समक्षं भाषते सैव अन्यूनपञ्चसहस्रवर्षाणि यावदविच्छेदेनोच्छ्वसन्ती संस्कृतं नाम अमृतवाणी । भाषाया अस्याः संस्कृतेत्यभिधानं तावद् इदंप्रथमतया भाषानामत्वेन "संस्कृता" "संस्कृत" इति पदद्वयं महर्षिवाल्मीकिकृते रामायणे दृग्गोचरीभवति । यथा सुन्दरकाण्डे त्रिंशे सर्गे हनूमदुक्तौ

यदि वाचं प्रवक्ष्यामि द्विजातिरिव संस्कृताम् ।
रावणं मन्यमान्या मां सीता भीता भविष्यति ॥१८ ॥ इति

तथा च उत्तरकाण्डे एकसप्ततितमेऽध्याये –

तन्त्रीलयसमायुक्तं त्रिस्थानकरणान्वितम् ।
संस्कृतं लक्षणोपेतं समतालसमन्वितम् ॥१५॥ इति

तद्व्याख्यानं रामायणशिरोमणिटीकायां यथा –

"संस्कृतं व्याकरणसंस्कारविशिष्टपदवाक्यविशिष्टम्" इति ।

भरतमुनिकृते नाट्यशास्त्रे चतुर्दशाध्याये न केवलमुत्तमपात्रपाठ्यतया संस्कृतं तन्नाम्ना उल्लिखितमपि तु संस्कृतस्य पदप्रकारवर्णोच्चारणस्थानादिलक्षणान्यपि दर्शितानि ।

नाविदितं विपश्चितां यत् कालभेदेन गीर्वाणवाण्या रूपद्वयं वर्तत इति । भगवता भाष्यकृता पतञ्जलिना द्वे एव ते रूपे वैदिकं लौकिकमिति व्यपादिश्येताम् । पाणिनिसमये न तथा व्यपदेश आसीदिति उत्प्रेक्षामहे । भगवान् पाणिनिः वैदिकीं भाषापद्धतिं "छन्दस्"-नाम्ना लौकिकीं च केवलेन "भाषा" पदेन निरदिक्षत् । यथोदाहरणानि –

१. छन्दसि पुनर्वसोरेकवचनम् (१/२/६१)

२. अयस्मयादीनिच्छन्दसि (१/४/२०)

३. तृतीया होश्छन्दसि (२/३/३)

इत्येवमादीनि ।

अथवा लौकिकविषये –

१. भाषायां सदवसश्रुवः (३/२/१०८)

२. मयड्वैतयोर्भाषायामभक्षाच्छादनयोः

३. स्थे च भाषायाम् ।

इत्येवमादीनि ।

एतदप्यत्र स्मर्तव्यम् – पाणिनिपूर्वभावी निरुक्तकृद् यास्काचार्योऽपि लौकिकीं वाचं भाषानाम्नैव निर्दिदेश । तद् यथा –

"इवेति भाषायां च अन्वध्यायं च – अग्निरिव । इन्द्र इव । इति ।"

"नेति प्रतिषेधार्थीयो भाषायाम् । उभयमन्वध्यायम् । नेन्द्रं देवममंसत । इति प्रतिषेधार्थीयः ।"

महाभारतसमये वैदिकलौकिकेत्युभयात्मकस्य संस्कृतस्य "ब्राह्मी"त्यभिधाऽऽसीदित्यनुमातुं शक्यते । शान्तिपर्वणि एकाशीत्युत्तरशततमेऽध्याये स्मर्यते –

वर्णाश्चत्वार एते हि येषां ब्राह्मी सरस्वती।
विहिता ब्रह्मणा पूर्वं लोभात् त्वज्ञानतां गताः ॥१५॥ इति।

ब्रह्मेति वेदपर्यायः ब्रह्मणो वेदस्येदं ब्राह्मं स्त्रियां ब्राह्मी।मुख्यवृत्त्या ब्राह्मी सरस्वतीति वैदिकी भाषेति निर्विवादम्।अतएव टीकाकृन्नीलकण्ठ आह – "ब्राह्मी वेदमयी" इति।

किन्तु वैदिकलौकिकयोरेकान्तविच्छेदाभावाद् ब्राह्मीशब्दो लौकिकेऽप्युच्चर्यत इत्यत्र न कापि विप्रतिपत्तिः। अनया महाभारतस्मृत्या प्राचीने समये आर्यावत्तनिवासिनां संस्कृतमेव मुख्या मूलभाषाऽऽसीदिति द्योत्यते।

बहोः कालात् संस्कृतं देवभाषेत्यपराभिधानेन प्रसिद्धिं प्राप।
उक्तं चालंकारिकज्येष्ठेन दण्डिना "संस्कृतं नाम दैवी वागन्वाख्याता महर्षिभिः।"
– काव्यादर्शे १/३३। इति।

अतएव "संस्कृत"पर्यायतया देववाणी, सुरभारती, गीर्वाणवाणी, गीर्वाणगवी इत्येवमादयः शब्दाः शिष्टव्यवहारे प्रसिद्धाः। अथेदानीमयं प्रश्नो विचारकोटिमारोहति – कथं संस्कृतमेव देवभाषापदवीं प्राप्तम्? काव्यादर्शस्य कश्चिन्नवीनः टीकाकर्ता व्याचष्टे – "दैवी देवव्यवहार्या" इति। तत्तु न मनोरमम्। केवलैर्देवैरेव इयं वाक् व्यवहार्या चेत् तर्हि मनुष्यैर्न सा व्यवहर्तुं शक्येत। शक्येत चेत्तर्हि देवमानुषोभयव्यवहार्यत्वं सामान्यं लक्षणम्, तेन देवभाषेति विशेषलक्षणं पराहतं स्यात्। यदा वयं वाराणसीमधिवसन्त आस्म तदानीमनेके पण्डितप्रकाण्डाः मया पृष्टाः "कथं संस्कृतं देवभाषेति संज्ञायते" इति। प्रायशः सर्वैरेव तैरुत्तरितम् –

> "इयमेव इन्द्रमित्रवरुणविष्णुमहेश्वरादिदेवानां स्वकीया भाषा, ते आधुनिकानि भाषान्तराणि नाङ्गीकुर्वन्ति। अतएव यज्ञानुष्ठानेषु देवोपासनेषु च देवता उद्दिश्य संस्कृतमाश्रित्यैव मन्त्रा उच्चार्यन्ते। वेदगीतादेवीमाहात्म्यादिपारायणमपि संस्कृतेनैव क्रियते, न भाषान्तरेण।"

उत्तरमेतदस्मभ्यं नोपपत्तिसहं प्रत्यभात्। अत्रेयमस्माकमुत्प्रेक्षा – प्रथमतस्तु देवशब्देन शिष्टा विद्वांसो गम्यन्ते विद्याचरणादिज्योतिषा द्योतमानत्वात्। अखिले भारतवर्षे तद्बहिरपि भारतीय धर्मप्रधानेषु भूभागेषु च तादृशैर्विद्वद्भिर्व्यवहार्यत्वात् संस्कृतं देवभाषेति कथ्यते।अतएव संस्कृतविषये दण्डिना प्रोक्तम् "इह शिष्टानुशिष्टानाम्" इत्यादि।

उत वा यथा राजपथशब्दे "पथां राजा" इति विग्रहे राजशब्दस्य पूर्वनिपातः, तथैव भाषासु देवी देववत् पूज्या समादरणीया भाषा इत्यर्थे देवशब्दस्य पूर्वनिपातः। किं च

माधुर्यात् सकलभावप्रकटनसामर्थ्यात् च संस्कृतं नाम देवप्रिया भाषा। उक्तं हि महामतिना श्रीहोरेसहेमन-विलसन-पण्डितेन –

अमृतं मधुरं सम्यक् संस्कृतं हि ततोऽधिकम्।
देवभोग्यमिदं यस्माद् देवभाषेति कथ्यते॥ इति

सार्धशतवर्षेभ्योऽयं विवादः प्रचलितः – संस्कृतं मृतभाषेति। संस्कृतं शिशुभिर्मातापित्रोर्मुखात् श्रावं श्रावं नाधिगम्यते। अतएवेयं भाषा भाषाविज्ञानभदृष्ट्या "Dead Language" लक्षणाक्रान्ता मृतभाषेति निश्चप्रचमिति नव्याः। मृतभाषात्वेन संस्कृतस्य परिशीलनेन नास्ति किमपि प्रयोजनमिति केचन भारतीया नव्यतराः। न वयमाधुनिकभाषाविज्ञानचुञ्चवः। अतस्तद्विज्ञानदृष्ट्या विषयस्यास्य ऊहापोहे सर्वथाऽसमर्था इति साञ्जलि अङ्गीकुर्मः। अस्माकमुपपत्तिस्तु भिन्ना। यदा "कश्चिज्जन उपरत" इति वार्ताऽऽकर्ण्यते तदा श्रोतुः प्रथममेवेयं जिज्ञासा उत्पद्यते "कदा स उपरतः?" किमस्य मृत्यौ निदानम्?" इति। अत्रापि प्रष्टुं शक्यते "कदा सा देवभाषा उपरता? को वा तस्या मृत्योर्हेतु?" रिति।अस्य प्रश्नस्य किमपि सन्तोषावहमुत्तरं नाद्यापि श्रृणुमः। तत्रापवादभूता वङ्गभाषासाहित्यविशेषज्ञाः डॉ. श्रीदीनेशचन्द्रसेनमहाशया इत्थमभाषन्त —

"बुद्धदेव मृत्युर अव्यवहित पूर्व्वे स्वीय शिष्यगणके ताँहार वाक्य ओ कार्यावलि पालिभाषाय लिपिबद्ध करिवार आज्ञा देन। भारतेर भाषार इतिहासे सेइ दिने एक नवयुग प्रवर्तित हय। . . . बुद्धेर सेई आज्ञाप्रचारेर समय हइतेइ संस्कृतेर अखण्डप्रभाव तिरोहित हय। देवभाषा देव ओ ऋषिगणेर जन्य सेइ दिन स्वर्गारोहण करेन।" (वङ्गभाषा ओ साहित्य। पृ. १७)

तदुक्तेरियं छाया –

"बुद्धदेवो मृत्योरव्यवहितपूर्वस्मिन् (समये) स्वीयान् शिष्यान् तस्य वाक्यानि कार्यावलिं च पालिभाषायां लिपिबद्धानि कर्तुमाज्ञापयत्। भारतीयानां भाषाणामितिहासे तस्मिन् दिने एको नवयुगः प्रवर्तितोऽभूत्। बुद्धस्य तादृशानुज्ञाप्रचारसमयादेव संस्कृतस्य अखण्डः प्रभावस्तिरोहितोऽभूत्। देवभाषा देवानाम् ऋषीणां च कृते स्वर्गमारुरोह। (इयं छायामात्रम् नानुवादः। अतोऽत्र विद्यमाना व्याकरणदोषाः प्रयोगदोषाश्च मर्षणीयाः सुधीभिः) ।

सेनमहाशयस्यास्या उक्तेरयं निष्कर्षः

१. भगवतो बुद्धस्य महापरिनिर्वाणस्याव्यवहितपूर्वकाल एव संस्कृतस्य मृत्युः संवृत्तः।

२. भगवता बुद्धेन स्वशिष्येभ्यः स्वोपदेशानां पालिभाषायां लिखितरूपेण संग्रहाय दत्त आदेश एव संस्कृतस्य मृत्यौ निदानमिति।

सेनमहाशयस्य मतालम्बिनोऽद्यापि नव्येषु दरीदृश्यन्ते। सेनमहाशयस्य वैदुष्ये सत्यामपि अस्माकमनल्पायां श्रद्धायां सत्यानुरोधाद् वक्तुमुत्सहामहे – तस्येयं वाचोयुक्तिर्न केवलमुपपत्तिविरहिताऽपि तु सर्वथा इतिहासविरुद्धा अपि। कथमिति चेद् ब्रूमः –

१. पालिनाम्नी भाषा यथा थेरवादिसम्प्रदायस्य, न सर्वेषां बौद्धसंप्रदायानामिति स्मर्तव्यम्, त्रिपिटक-तट्टीकादिकं निबद्धं सा बुद्धसमये उत्पन्नैव नाभूत्।

२. बुद्धेन स्वोपदेशानां लेखनाय आज्ञा न दत्ता; वस्तुतस्तु ईसापूर्वप्रथमशताब्दीं यावत् बुद्धवचनानि मुखावृत्तिपरम्परयैव प्रचरन्ति स्मेति श्रीलङ्कादेशीय-महावंशग्रन्थादवगम्यते।

३. थेरवादेतरबौद्धसम्प्रदायानां महासांघिकसर्वास्तिवादमूलसर्वास्तिवाद-महायानवज्रयानप्रभृतीनां त्रिपिटकादिशास्त्राणि मध्यमकयोगाचारसौत्रान्तिक-वैभाषिकदर्शनप्रस्थानानि संस्कृतेनैव व्यरच्यन्त। वस्तुतस्तु बौद्धाः संस्कृते विपुलविपुलं वाङ्मयमसृजन्, भूयसां बौद्धसंस्कृत-ग्रन्थानां भोटचीनादिभाषासु भाषान्तराणि वरीवर्तन्ते, नेपालदेशे तादृशसंस्कृतग्रन्थानां संग्रहोऽद्यापि दरीदृश्यते, गिलगितप्रान्ते तुर्कानदेशे च तादृशमूलसंस्कृतग्रन्थानामवशेषाः समुपलब्धाः। विषयेऽस्मिन्नस्माभिरन्यत्र बहु प्रपञ्चितम्। अत एवात्र पुनरुक्तिभिया विस्तरे न प्रसज्यते। यदि तुष्यतु दुर्जनन्यायेनैतद् उररीक्रियेत देवभाषा बुद्धाविर्भावसमय एव मृत्युपथं गमिता द्युलोकं च प्रस्थिता तर्हि महत् कल्पनागौरवं समाश्रयणीयं भवति। कथमिति चेद् ब्रूमः – तदा एतदूरीकर्तव्यं भवति – भगवत्पतञ्जलिकृतं महाभाष्यं शबरस्वामिनिर्मितं मीमांसाभाष्यं वात्स्यायनमुनिकृतं न्यायभाष्यं स्कन्दस्वामिवेङ्कटमाधवसायणप्रभृतीनां वेदभाष्याणि भासकालिदासाश्वघोष-भारविमाघप्रभृतिभिर्महाकवितल्लजैर्विनिर्मिता दृश्यश्रव्यकाव्यकृतयः नागार्जुनार्यदेवासङ्गवसुबन्धुदिङ्नागधर्मकीर्तिप्रभृतिभि बौद्धदार्शनिकधुरन्धरैर्विरचिता अशेषसूक्ष्मेक्षिकोद्भूता दर्शनग्रन्थाः शंकररामानुजमध्वाद्यानामाचार्याणां वेदान्तभाष्यकृतयः आनन्दवर्धनाभि-नवगुप्तमम्मटविश्वनाथजगन्नाथप्रणीता अलंकारशास्त्रनिबन्धाः आर्य भटवराहमिहिरभास्कराचार्यप्रभृतीनां ज्योतिषग्रन्थाः, मनीषिमूर्धन्यानाम् उदयनगङ्गेशरघुनाथादीनां दार्शनिकानां कृतयः – इत्येवमादयो ग्रन्थाः सर्व एव मृतभाषायामेव निबद्धाः। अन्यदपि चित्रम् अयमधन्यो मृतो वा मृतकल्पो वा मृतभाषाभाषिणां पुरत इदानीं मृतभाषां भाषते। हिब्रीययवनरोमकादीनां यथार्थमृतभाषाणां मृतेरनन्तरं का नाम दशा समुत्पन्नेति सर्वे वयं विद्मः।

वस्तुतस्तु संस्कृतं मृतभाषेति जल्पनं प्राज्ञम्मन्यानाम् अवेदितवेदितव्यानां भ्रमविजृम्भितं प्रौढिवादमात्रमिति दिक्।

आस्तां तावन्मृतप्रसङ्गः। वयमिदानीं संस्कृतवङ्गभाषयोर्मिथः संबन्ध इति जीवद्विषयकं प्रकृतमनुसरामः।

आर्यावर्ते मध्यदेशे चाद्यत्वे भाष्यमाणा लेखनादिषु च उपयुज्यमाना बह्व्यो वाच आर्यभाषात्वेन परिगण्यन्ते। ता यथा ह्य असमिया। बांगला। ओडिया। मैथिली। हिन्दी। उर्दू। काश्मीरी। सिन्धी। गुजराती। महाराष्ट्री च।

इमा भाषा भाषाविज्ञानिभिर्नव्यभारतीयार्यभाषानाम्ना अभिधीयन्ते। सर्वा एव इमा भाषाः साक्षात् परम्परया वा संस्कृतात् समुत्पन्नाः। तासामुत्पत्तिक्रमस्त्वयम् – संस्कृतात् प्राकृतं प्राकृताद् अपभ्रंशाः प्रान्तीयापभ्रंशेभ्यश्च नव्यार्यभाषाः। अस्मिन् विकासक्रमे प्राकृतस्य विशेषेण महत्त्वमस्ति। संस्कृतात् प्राकृतमुत्पन्नमित्युक्तेर्नायमाशयो यत् संस्कृते व्यवहारात् प्रच्युत एव प्राकृतं प्रादुर्बभूवेति। संस्कृतप्राकृतयोर्युगपदेव प्रवृत्तिरासीत्। अत्र आचार्यदण्डिन उक्तिरेव दिग्दर्शिनी। उक्तं हि तेन –

"इह शिष्टानुशिष्टानां शिष्टानामपि सर्वथा।
वाचामेव प्रसादेन लोकायात्रा प्रवर्तते॥" इति – काव्यादर्शे १/३

अस्यायमाशयः – शिष्टैर्वैयाकरणैरनुशिष्टानां व्याख्यातानां शुद्धानां संस्कृतरूपाणां शिष्टानां तद्व्यतिरिक्तानां प्राकृतरूपाणां वाचां युगपत् प्रयोगेन लोकयात्रा प्रवर्तते। वस्तुतस्तु संस्कृतं प्राकृतं चेति न द्वे स्वतन्त्रे वाचौ। एकस्या एव वाचः शैलीद्वयम्। अतएव तयोः परस्परं बोध्यत्वमस्ति। संस्कृतनाट्यानामवलोकनेनैव तत्त्वमेतत् स्पष्टीभवति।

प्राकृतस्य शब्दसंभारस्त्रिधा विभज्यते। पुनरेवोक्तं दण्डिना –

"तद्भवस्तत्समो देशीत्यनेकः, प्राकृतक्रमः।" इति। – काव्यादर्शे १/३३

अर्थतः तत्समः, तद्भवः, देशी इति त्रिविधाः शब्दाः प्राकृते प्रयुज्यन्ते। तत्र तत्समाः संस्कृतरूपा जल-रस-लवण-हरिणे त्येवमादयः तद्भवास्तु संस्कृतशब्दानामशक्तिकृतोच्चारणवैलक्षण्यात् प्रयुज्यमानाः। यथा – समृद्धिशब्दात् सामिद्धी; प्रकटात् पअडं, सदृशात् सरिच्छं – इत्येवमादयः। विस्तरस्तु जिज्ञासुभिः वररुचि-चण्ड-मार्कण्डेय-हेमचन्द्र-प्रभृति-विरचितेषु प्राकृतव्याकरणेषु द्रष्टव्यः। देशीशब्दास्तु देशविशेषेषु रूढाः, देशान्तरेषु न सुखबोध्याः। देशीलक्षणं श्रीहेमचन्द्राचार्यप्रणीतायां देशीनाममालायामित्थमुपन्यस्तम् –

"जे लक्खणे ण सिद्धा ण पसिद्धा सक्कयाहिहाणेसु॥ इति॥"

लक्षणे शब्दशास्त्रे ये न सिद्धाः . . . संस्कृताभिधानकोशेषु न प्रसिद्धास्ते एव देशीशब्दाः। अपि च तत्रैव "देसविसेसपसिद्धीइ भण्णमाणा अणन्तया हुन्ति" देशविशेषा महाराष्ट्रविदर्भाभीरादयस्तेषु प्रसिद्धाः। यथा मगा पश्चात्। निक्कुइला जितः, हिंगो जारः। तादृशशब्दाः अनन्ता भवन्तीति हेमचन्द्राचार्य आह।

इतरनव्यभारतीयभाषावद् वङ्गभाषाया अपि शब्दाः मुख्यतया त्रिधा विभज्यन्ते – तत्समाः तद्भवाः देशीति। तत्र चतुर्थो वर्ग आधुनिकवङ्गभाषायां संयोजितः। अरबी-फारसी-तुर्की-पोर्तुगीज-फ्रान्सीसी-अंग्रेजीप्रभृतिभाषाभ्यः ऋणरूपेण आहृत्याहृत्य वङ्गभाषायां संमेलिताः, तत्र साङ्गीभूताश्च। ते विदेशीशब्दनाम्ना व्यपदिश्यन्ते।

अयं प्रश्नः समुदेति – वङ्गभाषाया उद्भवः कदाऽभूदिति। यदा कश्चित् शिशुर्जायते तस्य जन्मनः तिथिमुहूर्तादिनिर्देशः सुकरो भवति। भाषाविषये तथा न संभवति। न कापि भाषाऽकस्माद् एकस्यां तिथौ, एकस्मिन् मुहूर्ते, एकस्मिन् वर्षे वा उत्पद्यते। दीर्घेण कालावधिना शनैः शनैर्विकासक्रमेण प्रकाशमागच्छति। वङ्गभाषाऽपि न तत्रापवादभूता। संस्कृतान्मागधीप्राकृतं मागधीप्राकृतान्मागध्यपभ्रंशः ततः प्रत्ना वङ्गभाषा इत्येवं विकासक्रमं तद्भाषातत्त्वविदः सुष्ठु प्रतिपादन्ति। किं नाम तावद् वङ्गवाङ्मयस्य प्राचीनतममुदाहरणम्। नवाधिकैकोनविंशतिशततमे ईसवीयसंवत्सरे महामहोपाध्यायश्रीहरप्रसादशास्त्रिचरणा नेपालदेशात् काश्चन प्रत्नमातृका आविरकुर्वन्। तासु चर्चाचर्यविनिश्चयः, सरोजवज्रकृत-दोहाकोषः, कृष्णाचार्यकृतो दोहाकोषः, डाकार्णव इतीमे चत्वारो ग्रन्थास्तत्रभवद्भिः पठिताः। तेषु ग्रन्थेषु तान्त्रिकबौद्धसिद्धाचार्याणामाध्यात्मिक-गुह्यसाधनप्रतिपादका गाथाः संकलिताः। चर्चाचर्यविनिश्चयस्य मुनिदत्तकृता संस्कृतटीकाऽपि तत्रोपलब्धा। तासां गाथानां भाषा वङ्गभाषाया एवादितमं रूपमिति शास्त्रिचरणैः सिद्धान्तितम्। अतएव षोडशाधिकैकोन-विंशतिशततमे वर्षे तेषां ग्रन्थानां प्रकाशनावसरे तस्य ग्रन्थसंग्रहस्य "हाजार वछरेर पुराण बाङ्गला भाषाय बौद्धगान ओ दोहा" इत्येव शीर्षनाम उट्टङ्कितम्। अनेके विद्वांसः शास्त्रिमहोदयस्य भाषाविषयकसिद्धान्ते विप्रतिपद्यन्ते। उत्कलदेशीयाः तां भाषाम् उत्कलीयां मैथिला मैथिलीं हिन्दीसाहित्यनिष्णाताश्च हिन्दीभाषाप्राचीनरूपामामनन्ति। अस्माभिरपि ग्रन्थसंग्रहस्यास्य यथाबुद्धि परिशीलनं कृतम्। अस्मन्मतेन तु चर्यापदानां भाषा वङ्गोत्कलमैथिलहिन्दीभाषाभेदकालात् पूर्वभाविनी। तस्यामपभ्रंशभेदस्य अवहट्टनाम्न एव प्राधान्यम्। तत्र तत्र ईदृशाः केचन शब्दा उपलभ्यन्ते ये नामाद्यापि लौकिकवङ्गभाषायां लब्धप्रचारा दृश्यन्ते।अतएव तत्र परोक्षतो वङ्गभाषास्पर्शो न तिरोधापयितुं शक्यते।

अत्रैका गीतिः कुतूहलिनां सन्तोषाय प्रदर्श्यते –

"काया तरुवर पञ्च वि डाल ।
चञ्चल चीए पइठा काल ॥

दिढ़ करिअ महासुह परिमाण ।
लुइ भणइ गुरु पुच्छिअ जाण ॥

सअल समाहिअ काहि करिअइ ।
सुख दुखे ते निचित मरिअइ ॥

एडिअउ छान्दक बान्धकरण कपटेर आस ।
सुनुपाख भिड़ि लेहु रे पास ॥

भणइ लुइ आम्हे झाणे दिठा ।
धमण समण वेणि पाण्डि बइठा ॥"

श्रीशान्तिभिक्षुशास्त्रिकृता छाया यथा –

"कायः तरुवरः पञ्चापि शाखाः ।
चञ्चलचित्ते प्रविष्टः कालः ॥

दृढं कृत्वा महासुखं परिमाहि ।
लूयी भणति गुरुं पृष्ट्वा जानीहि ॥

सकलसमाधितः किं क्रियते ।
सुखदुःखतः निश्चितं म्रियते ॥

परित्यज्य छन्दबन्धकरणं कपटस्य आशाम् ।
शून्यपक्षं संसज्य लभस्व भोः पार्श्वम् ॥

वदति लूयी मया ध्याने दृष्टम् ।
धवनचवणद्वयोपरि उपविष्टेन ॥" इति

ईसवीयद्वादशशताब्दीत आरभ्य वङ्गभाषा क्रमशः व्यवस्थिता, वङ्गवाङ्मयं च उत्तरोत्तरं समृद्धिपदवीमारोहति स्म। प्रत्नं वङ्गवाङ्मयं भक्तिकाव्यगीतिप्रधानं लोकभाषा-निबद्धमासीत् । लोकभाषामयत्वात् तत्र तद्भवशब्दभूयस्त्वमेव स्वाभाविकम् । तदानीन्तनवङ्गीयवाङ्मये वर्ण्यविषयेषु मुख्यतः रामायण-महाभारत-भागवतादीनां

रूपान्तराण्येव प्राधान्यमभजन्त। तादृशरचनासु उल्लेखमर्हन्ति कृत्तिवासकृतं रामायणम्, अनन्तरामायणम्, सञ्जय-कवीन्द्रपरमेश्वर-श्रीकरनन्दि-प्रभृतिभिः कविभिर्विरचितानि महाभारतानि। अनन्तरभाविनि काले काशीरामदासकृतं महाभारतमपि वङ्गेषु परां प्रसिद्धिमाप। चण्डीदासकृतं श्रीकृष्णकीर्तनमपि उल्लेखमर्हति। ईसवीयपञ्चदशशताब्द्यां "गुणराज खां" इतिराजकीयोपाधियुक्तस्य मालाधरवसुनाम्नः कवेः कृतिः श्रीकृष्णविजयनाम्नी वङ्गीयभक्तिसाहित्ये विशिष्टं स्थानं बिभर्ति। भागवतपुराणगतां श्रीकृष्णलीलामुपजीव्य विरचितं काव्यमिदं श्रीचैतन्यदेवो बहुधा प्रशशंस। पूर्वोल्लिखितानां भाषा यद्यपि तद्भवशब्दभूयिष्ठा लौकिकी तथापि कथावस्तु संस्कृतमूलानुवर्ति संस्कृतप्रणोदितं चासीत्। परम्परागतवैष्णवधर्मादतिरिक्ताः केचन लोकधर्मा वङ्गेषु प्राचलन्। तेषु मनसा-मङ्गलचण्डी-धर्म-शिवप्रभृतयो लोकदेवताः पूज्यन्ते स्म। तत्तद्देवतोपासकैः स्वस्वोपास्यदेवतामाहात्म्यख्यापनाय काव्यानि निरमायिषत। तानि मङ्गलकाव्यानीति परिचीयन्ते। तेषु नैकानि मनसामङ्गलचण्डीमङ्गलधर्ममङ्गलानि लोचनपदवीमवतरन्ति। यद्यपि एतेषु लोकभाषा लौकिककथावस्तु एव प्रधाने तथापि रचनाशैल्यां शब्दचयने च संस्कृतप्रभावो न तिरोहितः।

श्रीचैतन्यदेवस्याविर्भावसमयादनन्तरं वङ्गवाङ्मयं चरमामुन्नतिं प्राप्तम्। तदनुयायिभिः कीर्तनोपयोगीनि पदानि श्रीचैतन्यजीवित-चरित-ग्रन्था भूयांसो विरच्यन्ते स्म। तेषु कृष्णदासकविराजकृतं चैतन्यचरितामृतं वृन्दावनदासविरचितं चैतन्यभागवतं च विशेषेणोल्लेखमर्हतः।

एतावत्कालपर्यन्तं वङ्गवाङ्मयं छन्दोबन्धभूयिष्ठमेवासीत् – गद्यरचनायाः प्रचारो नासीदेव। आधुनिककाले ईसवीयैकोनविंशशताव्द्याः प्रथमे पादे गद्यरचनां प्रति तदानीन्तनमनीषिभिर्दृष्टिर्व्यापारिता। विविधगुरुविषयाणां परिशीलनाय उपयुज्यमाना भाषा संस्कृततत्समशब्दप्रयोगं विना न शक्तिमाधत्ते इत्यत्रापि ते जागरूका अभवन्। तस्मिन् प्रयत्ने रामरामवसुः मृत्युञ्जयविद्यालंकारः राममोहनरायश्च पथिकृतः स्मृताः। राममोहनरायमहोदयेन "गौडीय व्याकरण" इत्याख्यं वङ्गभाषाव्याकरणं निरमायि, यत् खलु वङ्गभाषामयं प्रथमं वङ्गभाषाव्याकरणम्।

संस्कृतभूयिष्ठगद्यरचनाप्रयासप्रारम्भे भाषाया या क्लिष्टताऽऽसीत् सा तु स्वाभाविकी। तत्रैकमुदाहरणम् –

> "कोकिलालापवाचाल ये मलयानिल से तखन उच्छलच्छीकरारम्भःकण हइया उठितेछिल।" (मृत्युञ्जयविद्यालंकारः)

किन्त्वियं भाषाक्लिष्टता शनैशनैर्दूरीकृताऽभूत् ।
प्रागुक्तानां त्रयाणां पथिकृतां मध्ये राममोहनरायस्य
शैली अंशेन क्लिष्टा । अन्ययोस्तु प्राञ्जलतरा ।

रामरामवसुविरचिताः पङ्क्तयस्त्वित्थम् –

"एकदिवस राजार बाहिरगड़ेर सेनापति कमल खोजा नामे एकजन महापराक्रान्त एवं राजार काछे बड़इ प्रतिपन्न हातजोड़ करिया निवेदन करिल राजार गोचरे। महाराज आमि दुई तिन दिवस हइते देखितेछि रात्रि दुई प्रहरेर परे ऐ जङ्गलटाते अकस्मात अग्निआकार प्रज्वलित हय ...." (प्रतापादित्य चरित्र)

अवलोक्यन्तां मृत्युञ्जयविद्यालंकारस्य काश्चन पङ्क्तयः –

"अवन्ती नाम नगरेते भर्तृहरि नामे एक राजा छिलेन। ताँहार अभिषेककाले श्रीविक्रमादित्य नामे ताँहार कनिष्ठ भ्राता कोन अपमान पाइया स्वदेश त्याग करिया विदेश गेलेन।" (बत्तिश सिंहासन)

राममोहनरायस्यैका पङ्क्तिः –

"केह केह कहेन ब्रह्मप्राप्ति येमन राजप्राप्ति हय। सेई राजप्राप्ति ताँहार द्वारीर उपासना व्यतीत हइते पारे ना। सेइ रूप रूपगुण विशिष्टेर उपासना विना ब्रह्मप्राप्ति हइते पारे ना।" (वेदान्त ग्रन्थ)

संस्कृतशब्दसंभारग्रहणं विना वङ्गभाषायाः श्रीवृद्धिः दूरापास्तेति तत्त्वं नवीनवङ्गकवीनामग्रिमो मधुसूदनदत्तः समुदघोषयत् । तेनोक्तम् – "यदि संस्कृतात् शब्दा भूयस्त्वया नाङ्गीक्रियेरन् तर्हि वङ्गभाषा हालिकानां जालिकानां च भाषारूपेणैव जीवेत्" ईदृशस्य सिद्धान्तस्य परिपालनं तेन कविना स्वकीये मेघनादवधकाव्ये विहितम् —

"सम्मुखसमरे पड़ि, बीरचूडामणि
बीरबाहु, चलि यबे गेला यमपुरे
अकाले, कह हे देवि अमृतभाषिणि,
कोन बीरबरे बरि सेनापतिभपदे,
पाठाइला रणे पुनः रक्षःकुलनिधि
राघबारि? कि कौशले राक्षसभरसा
इन्द्रजित् मेघनादे अजेयजगते –
ऊर्मिलाविलासी नाशि इन्द्रे निःशङ्किला।"

एतदपि न विस्मर्तव्यम् – यथैव कविर्मधुसूदनः संस्कृतशब्दभूयिष्ठायां काव्यरचनायां परं पाटवं प्रकटयकरोत् तथैव सामान्यजनवाग्व्यवहारोचितलौकिकवङ्गभाषामयरचनायामपि प्रावीण्यं

प्रादर्शयदिति तदीयस्य "सधबार एकादशी" "बुडोशालिकेर घाड़े रों" इति प्रसिद्धस्य प्रहसनद्वयस्यावलोकनाद् विज्ञायते इति।

वङ्गभाषायाः श्रीवृद्धौ ईश्वरचन्द्रविद्यासागरः प्रमुखं स्थानमधिकरोति। तदीयभाषा संस्कृतबहुलाऽपि प्राञ्जला प्रवाहमयी। सीतार बनवासपुस्तकात् पङ्क्तिद्वयमाकर्ण्यताम् –

> "एइ सेइ जनस्थानमध्यवर्ती प्रस्रवणगिरि। एइ गिरिर शिखरदेश आकाशपथे सतत सञ्चरमाण जलधरभपटलसंयोगे निबिड़ नीलिमाय अलंकृत।"

वङ्गीयसाहित्यिककुलचूड़ामणिर्वङ्किमचन्द्रचट्टोपाध्यायो यद्यपि वङ्गवाण्यामधिकाधिकलौकिकशब्दानां प्रयोगं सिद्धान्ततो वाञ्छति स्म तथाऽपि तदीयरचनासु संस्कृतशब्दभूयस्त्वं दुर्निवारमेव । तद्यथा –

> "निदाघशेषे एकदिन एक अश्वारोही पुरुष विष्णुपुर हइते मान्दारणेर पथे एकाकी गमन करितेछिलेन। दिनमणि अस्ताचलगमनोद्योगी देखिया अश्वारोही द्रुतवेगे अश्वसञ्चालन करिते लागिलेन।" (दुर्गेशनन्दिनी)

नवयुगप्रवर्तकः श्रीमत्स्वामिविवेकानन्दो वङ्गभाषा-प्रयोगे सव्यसाचीवासीत्। तत्रभवता यथाऽतिसरला भाषा प्रायोज्यत तथैव संस्कृतभूयिष्ठा भाषा परां काष्ठां प्रापिता। श्रूयतां सामान्यजनबोध्यायां भाषायां निबद्धः पङ्क्तिनिचयः –

> "भाषाके करते हबे – येमन साफ् इस्पात। ताके दुमड़े मुचड़े या इच्छे कर – आबार ये के सेइ। एक चोटे पाथर केटे देय दाँत पड़े ना। . . . भाषा हच्छे उन्नतिर प्रधान उपाय। – लक्षण। ... यदि बल बाङ्गाला देशेर स्थाने स्थाने रकमारि भाषा। कोनटि ग्रहण कोरब प्राकृतिक नियमे येटि बलवान् हच्छे एवं छड़िये पड़छे। सेइटिइ निते हवे।" (बाङ्गला भाषा)

तत्रभवत एव संस्कृतशब्दभूयिष्ठायाः शैल्या एतदुदाहणम् –

> "शास्त्रशब्दे अनादि अनन्त "वेद" बुझा याय। . . . समस्त देश-काल-पात्रव्यापिया वेदेर शासन अर्थात् वेदेर प्रभाव देशविशेषे कालविशेषे वा पात्रविशेषे बद्ध नहे। अलौकिक ज्ञानवेत्तृत्व किञ्चित् परिमाणे अस्मद्देशीय इतिहास-पुराणादि-पुस्तके ओ म्लेच्छादिदेशीयधर्मपुस्तकसमूहे यदिओ वर्तमान, तथापि अलौकिक ज्ञानराशिर सर्वप्रथम सम्पूर्ण एवं अविकृत संग्रह बलिया आर्यजातिर मध्ये प्रसिद्ध "वेद" नामधेय चतुर्विभक्त अक्षरराशि सर्वोच्च स्थानेर अधिकारी, समग्र जगतेर पूजार्ह एवं आर्य वा म्लेच्छ समस्त धर्मपुस्तकेर प्रमाणभूमि।" (हिन्दू धर्म ओ श्रीरामकृष्ण)

विश्वकवेः श्रीरवीन्द्रनाथठाकुरस्य भाषाशैली खलु कमपि चमत्कारविशेषं बिभर्ति। यद्यपि गभीरभावजुष्टाः संस्कृतशब्दास्तेन स्वरचनासु प्रयुज्यन्ते किन्तु कुत्रापि क्लिष्टत्वं नानुभूयते, न वा प्रसादगुणो व्याहन्यते। आकर्ण्यतां तत्रभवत्संदृब्धा काचन गीतिः, यत्र वङ्गसंस्कृतभाषयोरपूर्वं सम्मेलनं दृग्गोचरीभवति –

॥भारतलक्ष्मी (भैरवी)॥

अयि भुवनमनोमोहिनी।

अयि निर्मलसूर्यकरोज्ज्वलधरणी
जनकजननीजननी॥

नीलसिन्धुजलधौतचरणतल
अनिलविकम्पित श्यामल अञ्चल,

अम्बरचुम्बितभालहिमाचल,
शुभ्रतुषारकिरीटिनी॥

प्रथम प्रभात उदय तव गगने
प्रथम सामरव तव तपोवने,
प्रथम प्रचारित तव वनभवने
ज्ञानधर्म कत काव्य काहिनी॥"

अस्या गीतेर्विश्वेश्वरविद्याभूषणकृतं संस्कृतरूपान्तरमप्यत्र उपन्यस्यते विदुषां प्रमोदाय –

॥भारतवन्दनम्॥

अयि भुवनमनोमोहिनि
निर्मलसूर्यकरोज्ज्वलधरणि
जनकजननीजननि।

नीलसिन्धुजलधौतचरणतले
अनिलविकम्पितश्यामलाञ्चले।
अम्बरचुम्बितभालहिमाचले
शुभ्रतुषारकिरीटिनि।

प्रथमप्रभातोदयस्तव गगने
प्रथमसामरवस्तव तपोवने
प्रथमप्रचारिता तव वनभवने
ज्ञानधर्मचारुकाव्यनिःस्वनी ॥

अथवा, कविश्रीरवीन्द्रस्यान्या सूक्तिः –

"महाकालमन्दिरेर काछे
तखन गम्भीरमन्द्रे सन्ध्यारति बाजे।

जनशून्य पण्यवीथि, ऊर्ध्वे याय देखा।
अन्धकार हर्म्यपरे सन्ध्यारश्मि रेखा ॥

प्रियार भवन

वङ्किम संकीर्ण पथे दुर्गम निर्जन।
द्वारे आँका शङ्खचक्र, तारि दुइ धारे।
दुटि शिशु नीपतरु पुत्रस्नेहे बाड़े ॥
तोरणेर श्वेतस्तम्भ परे
सिंहेर गम्भीर मूर्ति वसि दम्भभरे ॥"

इदानीं रवीन्द्रकृतां पुरस्कारकाव्यान्तर्गतां सरस्वतीवन्दनामुद्धृत्य भाषणमेतदुपसंह्रियते –

"प्रकाशो जननी नयनसमुखे
प्रसन्नमुखछवि।
विमल मानस सरसवासिनी
शुक्लवसना शुभ्रहासिनी
वीणागञ्जित मञ्जुभाषिणी
कमलकुञ्जासना ॥"

यावद् भारतवर्षं स्याद् यावद् विन्ध्यहिमाचलौ।
यावद् गङ्गा च गोदा च तावदेव संस्कृतम् ॥

3

उर्दू और संस्कृत

वागीश शुक्ल

I

जिस भाषा का नाम आज "उर्दू" है उसका नाम पहले 'हिन्दी' था, यह सर्वविदित और सुप्रमाणित है। किन्तु इस वाक्य को ठीक से समझने के लिए हमें यह विस्मृत नहीं करना चाहिए कि वस्तुतः 'हिन्दी' का तात्पर्य फ़ारसीभाषियों के लिए केवल "भारतीय" था और सम्पूर्ण भारत में प्रयुक्त भाषाओं का अभिधान 'हिन्दी' ही फ़ारसीभाषियों के लिए था। आज हम पंजाबी, गुजराती, तेलुगू, आदि कहते हैं किन्तु फ़ारसी-भाषी मुसलमान इन सबको 'हिन्दी' ही कहते थे।

इसलिए "उर्दू" का तात्पर्य ठीक-ठीक समझने के लिए हमें कुछ और बातों की ओर भी ध्यान देना होगा। पहली बात तो यह है कि आधुनिक भारतीय भाषाओं को, मध्यकालीन साहित्य में सर्वत्र "भाषा" कहा गया है। यह प्रयोग "संस्कृत" से उनकी भिन्नता दिखाने के उद्देश्य से था – कोई बात पहले संस्कृत में कही जा चुकी है तो मध्यकालीन साहित्यकार उसे "भाषा" में कहने का उपक्रम करता है। इस प्रकार पंजाबी, राजस्थानी, ब्रज, अवधी, आदि "भाषाएँ" न होकर एक "भाषा" होती थी जिसका स्वरूप जगह-जगह बदलता रहता था। महर्षि पाणिनि ने भी "संस्कृत" को "भाषा" कहा है और जिसे हम आज "वैदिक संस्कृत" कहते हैं उसे वे "छन्दस्" कहते थे जिससे भिन्न यह "भाषा" थी जिसे हम आज "संस्कृत" कहते हैं। भारतीय भाषा-चिन्तकों ने "संस्कृत" को मुख्यतः "प्राकृत" से भिन्नता दिखाने के लिए

इस्तेमाल किया है, "संस्कृत" प्रकृति है इससे "प्राकृत" का उद्‌भव हुआ है। तीसरा प्रमुख नाम इस सन्दर्भ में "अपभ्रंश" का है जो "अवहट्‌ठ" नाम से विद्यापति तक प्रयुक्त होता रहा और जिसका लगभग अठारह सौ वर्षों का साहित्य कालिदास से प्रारम्भ करके मौजूद है।

'हिन्दी' – जिसका मतलब केवल "भारतीय" था और जो "भारत का निवासी," "भारत की तलवार," "भारत की भाषा," कुछ भी सूचित कर सकता था – से भिन्न शब्द "रेख़ता" केवल "भारतीय भाषा" के अर्थ में फ़ारसी-भाषियों के बीच प्रचलित रहा। "रेख़ता" का अर्थ है "गिरा-पड़ा," और यद्यपि उर्दू का इतिहास लिखनेवाले इस शब्द की भाँति-भाँति की व्युत्पत्तियाँ निकालने का प्रयास करते हैं, यह स्पष्ट ही "अपभ्रंश" का सीधा अनुवाद है। यह "अपभ्रंश" या "रेख़ता" ही वह भाषा है जिसमें "दक्कनी उर्दू" का साहित्य उपलब्ध है। सभी फ़ारसी-भाषी उत्तर से ही दक्षिण की ओर गये थे और उत्तरी भारत में बोली जाने वाली भाषा को ही वे दक्षिण में भी ले गये। इस प्रकार "पंजाब में उर्दू" और "मद्रास में उर्दू" के बीच बहुत अन्तर नहीं था और थोड़ी बहुत राजस्थानी-गुजराती रंगत के साथ यह वही भाषा है जो "पुरानी हिन्दी" – जिसमें पंजाब, उत्तर प्रदेश से लेकर गुजरात तक का साहित्य मध्यकाल में रचा गया – के नाम से जानी जाती है। इसे "अवधी" और "ब्रज", आदि में वर्गीकृत करना, इसका "राजस्थानी," "पंजाबी", आदि नाम देना, आधुनिक विद्वत्ता की देन है।

इस "रेख़ता" का *परिष्कृत* रूप "उर्दू" है। यहाँ *परिष्कार* का अर्थ है स्थानीय प्रयोगों का बहिष्कार। मुग़ल शासन एक सैनिक शासन था। "उर्दू" मूलतः मंगोल भाषा का शब्द है और "तम्बू" के अर्थ में प्रयुक्त होता था। मुग़लों की फौज या छावनी "उर्दू" कहलाने लगी। इस कारण से दिल्ली के मुग़ल कहीं और भी बसते थे तो अपनी बस्ती का नाम "उर्दू" रखते थे। इस तरह "उर्दू" के नाम से बस्तियाँ भी जगह-जगह हैं, उदाहरण के लिए "उर्दू बाज़ार" उत्तर प्रदेश के गोरखपुर शहर में है। यह "उर्दू" वहीं है जो "छावनी" या "कैंट" नाम का मुहल्ला कई शहरों में मिलता है।

इन "उर्दुओं" में बोली जाने वाली भाषा भी "उर्दू" कहलायी। इन सभी "उर्दुओं" में बोली जाने वाली भाषा "उर्दू" का आदर्श दिल्ली की "उर्दू" था।

लाल क़िला "उर्दू + ए + मुअ़ल्ला" (= सर्वोच्च खेमा) था क्योंकि इस सैनिक शासन-व्यवस्था में सर्वोच्च खेमा बादशाह का था। अतः "उर्दू भाषा" का आदर्श हुआ लाल क़िले में (और उससे सम्बद्ध परिवारों में) बोली जाने वाली भाषा। इस भाषा ने फ़ारसी को बादशाह के दरबार से अठारहवीं सदी के प्रारम्भ तक अपदस्थ कर दिया था।

इसे "ज़बान + ए + देहली" या "देहलवी" भी कहते थे। लखनऊ, रामपुर, हैदराबाद, आदि जो केन्द्र बाद में बने वे सभी इसी भाषा को, इसी "उर्दू" को, अपनी सांस्कृतिक पहचान के रूप में अपनाने वाले केन्द्र थे। बीसवीं सदी में आकर अनेक राजनीतिक-सामाजिक कारणों से इसे भारतीय जनसामान्य की भाषा भी बताया जाने लगा किन्तु वस्तुतः यह एक नागरिक, अभिजात वर्ग की "डायलेक्ट" है।

जिस भाषा की यह "डायलेक्ट" है उस भाषा का नाम आज 'हिन्दी' है। अलबरुनी और अमीर खुसरो ने 'संस्कृत' को भी, 'हिन्दी' कहा है, और जैसाकि मैं पहले कह आया हूँ, 'हिन्दी' से तात्पर्य केवल 'भारतीय' (भाषा) सम्पूर्ण मध्यकाल में होता था। 'मीर' और ग़ालिब भी अपनी काव्य-भाषा (और बोलचाल) को 'हिन्दी' कहते थे, किन्तु आज वह अर्थ नहीं है।

व्याकरण और बुनियादी ढाँचे में 'हिन्दी' तथा 'उर्दू' एक ही हैं। इस प्रकार आधुनिक 'हिन्दी' और आधुनिक 'उर्दू' एक ही हैं। यह भाषा-वैज्ञानिकों की दृष्टि से किया गया वर्गीकरण है। श्री अशोक केलकर ने इसे 'उर्दू' कहा है। किन्तु सांस्कृतिक और साहित्यिक दृष्टि से 'हिन्दी' और 'उर्दू' दो अलग-अलग भाषाएँ हैं। 'हिन्दी' के साहित्यिक संस्कार संस्कृत, अपभ्रंश तथा मध्यकालीन साहित्यिक सहभाषाओं – अवधी, ब्रज, आदि से प्राप्त हैं, 'उर्दू' के साहित्यिक संस्कार फ़ारसी से प्राप्त हैं।

जब हम संस्कृत से किसी आधुनिक भारतीय भाषा के सम्बन्ध की बात उठाते हैं तो यह दो स्तरों पर होता है। एक तो भाषा-वैज्ञानिक सन्दर्भ में और दूसरे सांस्कृतिक-साहित्यिक सन्दर्भ में। भाषा-वैज्ञानिक सन्दर्भ में बहुत लम्बे अरसे तक यह माना जाता रहा कि भारत में भाषाओं के पाँच-छह "कुल" हैं जिनमें से एक – अर्थात् भारोपीय – कुल की भाषाओं के विकास पर संस्कृत का प्रभाव रहा है, शेष भाषाओं से संस्कृत का पारिवारिक सम्बन्ध नहीं रहा।

भाषा-विज्ञान की इस पुरातन मान्यता को ही भाषा-वैज्ञानिकों के बाहर अभी-भी स्वीकृति प्राप्त है। किन्तु पचास वर्ष से अधिक समय से भाषा-विज्ञान के भीतर यह बात मानी जा रही हैं कि भारत एक भाषिक क्षेत्र (Linguistic Area) है और आधुनिक भारतीय भाषाओं का परस्पर वैज्ञानिक अन्तःगुम्फन प्राचीन भाषा-वैज्ञानिक "भाषा-परिवार" या "भाषा-कुल" की अवधारणा से भिन्न है। संक्षेप में, यद्यपि "द्रविड़ कुल" की भाषाएँ "भारोपीय कुल" की भाषाओं से भिन्न मानी जाती हैं क्योंकि वे "दूसरे कुल" की हैं, भारत के भीतर उनका अन्तःसम्बन्ध अधिक निकट है। इस प्रकार यद्यपि 'हिन्दी' और अंग्रेज़ी "भारोपीय कुल" की भाषाएँ हैं और तमिल "द्रविड़ कुल" की, 'हिन्दी' और तमिल भाषा-वैज्ञानिक दृष्टि से परस्पर अधिक निकट हैं, हिन्दी और अंग्रेज़ी भाषा-वैज्ञानिक दृष्टि से परस्पर अधिक दूर। इस प्रमाण को आगे बढ़ाते हुए कुछ भाषा-वैज्ञानिक भाषाओं के एक "भारतीय कुल" की अवधारणा भी स्वीकार करते हैं।

इस प्रकार भाषा-वैज्ञानिक दृष्टि से दो बातें सामने आती हैं – (1) 'हिन्दी' और "उर्दू" एक ही भाषा हैं, तथा (2) भारतीय भाषाओं का एक सुसम्बद्ध परिवार है। इस तरह जहाँ तक भाषा-विज्ञान का प्रश्न है, 'उर्दू' और संस्कृत का सम्बन्ध वही है जो 'हिन्दी' और संस्कृत का तथा इस पर विशेष चर्चा के लिए अलग से कुछ कहना आवश्यक नहीं है।

किन्तु जब हम सांस्कृतिक-साहित्यिक संस्कारों की बात करते हैं तब हमारे सामने 'हिन्दी' और 'उर्दू' की यह अभिन्नता समाप्त हो जाती है। जैसाकि मैंने ऊपर कहा, 'हिन्दी' के साहित्यिक संस्कार संस्कृत से प्रारम्भ होकर अपभ्रंश से प्राप्त हुए हैं जबकि 'उर्दू' के साहित्यिक संस्कार फ़ारसी से प्राप्त हुए हैं। इन दोनों संस्कारों में बहुत अन्तर है यद्यपि प्राचीन फ़ारसी और वैदिक संस्कृत में अत्यन्त निकटता है।

II

उर्दू में साहित्यिक संस्कारों की यह भिन्नता सचेष्ट रूप से ले आयी गयी। उर्दू के प्रारम्भिक समय के रचनाकार अपना एक फ़ारसी रंग रखते थे किन्तु उन्हें उसके लिए फ़ारसी से बाहर जाने की आवश्यकता न थी। वली दकनी की (मुहम्मद रंगीले के समय में) दिल्ली यात्रा उर्दू में एक महत्त्वपूर्ण मोड़ है।

वली दकनी को दिल्ली में शाह गुलशन ने उपदेश दिया कि वे फ़ारसी की काव्य-पद्धति का समावेश अपनी उर्दू रचना में करें। इसके बाद ही उर्दू के "शुद्धीकरण" का अभियान दिल्ली में प्रारम्भ हुआ जिसमें सचेष्ट रूप से "भाखा", अर्थात् हिन्दी, का असर हटाया गया। इसका एक उदाहरण इस प्रवृत्ति को स्पष्ट करने के लिए पर्याप्त होगा। हातिम का शे'र है: –

> जिसको पी का ख़याल होता है।
> उसको जीना मुहाल होता है।

बाद में अपने दीवान का सम्पादन करते समय हातिम ने "पी का" की जगह "तेरा" कर दिया।

"पी का" प्रियतम के लिए केवल 'हिन्दी' शब्द होने के नाते नहीं हटाया गया, हिंदी का शब्द तो "तेरा" भी है। बात यह है कि "माशूक़" के लिए "पी" या "पिय" कहने से जो प्रेम का स्वरूप सामने आता है वह भारतीय परम्परा का प्रेम है जिसमें प्रेम-निवेदन के लिए स्त्री की ओर से पुरुष की ओर की प्रमुखता है। फ़ारसी में प्रेमी और प्रेमपात्र दोनों ही पुल्लिङ्ग में होते हैं। इसका मुख्य कारण तो फ़ारसी कविता का अध्यात्म-पक्ष है जिसमें माशूक़ अर्थात् प्रेमपात्र ईश्वर की जगह होता है किन्तु इसे इस बात से भी कुछ समर्थन प्राप्त हुआ है कि फ़ारसी भाषा में लिङ्ग-भेद क्रियाओं में नहीं परिलक्षित होता – जैसे अंग्रेज़ी में He Loves और She Loves में Loves का स्वरूप अपरिवर्तित है वैसे ही फ़ारसी में भी। किन्तु उर्दू का व्याकरण वही है जो हिन्दी का, अतः उसमें "सजन" पुल्लिङ्ग है और "सजनी" स्त्रीलिङ्ग, तथा "प्रेम करता है" और "प्रेम करती है" में अन्तर है और अन्तर के पीछे एक सांस्कृतिक परिवेश है।

पहले की उर्दू कविता में "माशूक़" की जगह "सजन" शब्द चलता था। इसका कारण वही है जो ऊपर बताया गया अर्थात् प्रेमपात्र को फ़ारसी सूफ़ी काव्य की तर्ज पर पुरुष मानना। ख़ान आर्ज़ू जो मुख्यतः फ़ारसी के विद्वान् और कवि थे, ने उर्दू में भी कुछ लिखा है। उनका शे'र है: –

> भर कर नज़र न आया, हमको सजन हमारा।
> गोया कि था छलावा, वह मन-हरन हमारा।।

यह पहचानना कठिन न होना चाहिए कि "सजन" और "मन-हरन" जैसे शब्दों के बावजूद यह हिन्दी की पारम्परिक कविता नहीं है। किन्तु क्रमशः यह

महसूस किया जाने लगा कि ये शब्द उस काव्य-बोध में बाधक हो रहे हैं जो फ़ारसी परम्परा का काव्य-बोध है।

दूसरी ओर सांस्कृतिक स्तर पर एक पैठ भारतीय परम्परा ने उर्दू में बनायी थी। इस "पैठ" से मेरा क्या आशय है यह आबरू के इस शे'र से प्रकट होता है –

> हर एक सब्ज़ है हिन्दोस्तान का माशूक़।
> बज़ा है नाम जो बालम रखा है खीरे का।।

इस शे'र में कई प्रकार की शब्द-क्रीड़ाएँ हैं किन्तु मैं सिर्फ़ एक की बात उठाता हूँ। "बालम-खीरा" खीरे का एक प्रकार है और परम्परा यह है कि कृष्ण-जन्माष्टमी के दिन कृष्ण-जन्म खीरा काटकर खीरे में मनाया जाता है। आबरू का इशारा यह है कि कृष्ण माशूक़ है और इसलिए खीरे का नाम जो "बालम", अर्थात् प्रियपात्र, रखा गया है, वह उचित ही है।

किन्तु जैसे-जैसे उर्दू में "परिष्कार" का आन्दोलन तीव्र हुआ, भारतीय संकेत उसमें से कम होते गये और सीधे-सीधे फ़ारसी से चीज़ें उठायी जाने लगीं। हिन्दी की सूफ़ी कविता के साथ भी यही हुआ – पहले *चान्दायन* और *पद्मावत,* आदि में भारतीय कहानियाँ सूफ़ी काव्य-सन्देश की वाहक होती थीं किन्तु बाद में यह समता कम होती गयी और यूसुफ़-ज़ुलेखा, आदि की कहानियाँ लेनी पड़ी जिनके लिए सच पूछा जाय जो अवधी में लिखने की अवश्यकता न थी क्योंकि फ़ारसी में यह कहानी बहुत बेहतर तरीक़े से कही जा चुकी थी और अवधी काव्य-परम्परा में उसको ख़पाने का प्रयास बहुत सफल नहीं हुआ।

इस परिवर्तन से मेरी समझ में कोई हानि नहीं हुई क्योंकि उर्दू कविता ने फ़ारसी काव्य-सौन्दर्य को सक्षम रूप से एक भारतीय भाषा में अभिव्यक्त किया है और इस प्रकार संस्कृत की परम्परा से भिन्न किन्तु नितान्त मोहक साहित्य परिपाटी तक हमारी पहुँच बनायी।

III

सांस्कृतिक-साहित्यिक स्तर पर संस्कृत का प्रभाव कुछ ऊपरी बातों में खोजना उचित नहीं है। नज़ीर अकबराबादी की कविता में कन्हैया, ब्रज का

ज़िक्र देखकर और होली-दिवाली का वर्णन पढ़कर बहुत उत्साहित होने की आवश्यकता नहीं क्योकिं ये सतही बातें हैं। संस्कृत साहित्य का प्रभाव, मुख्यतः *योगवासिष्ठ* और *महाभारत* आदि के फ़ारसी में अनुवादों से, फ़ारसी काव्य पर भी बहुत आन्तरिक स्तर पर पड़ा था और इसने फ़ारसी काव्य-रचना में सबक + ए + हिन्दी (= भारतीय शैली) को जन्म दिया जो सम्पूर्ण फ़ारसी साहित्य में मूर्धन्य स्थान रखती है। इस शैली के शीर्षस्थ कवि मिर्ज़ा बेदिल (1644-1720) थे जिनका प्रभाव मध्य एशिया और अफ़ग़ानिस्तान की काव्य-रचना पर दूरगामी और स्थायी रहा तथा भारत में उर्दू काव्य में जिनके अनुकरणकर्ता उर्दू के शीर्षस्थ कवि मिर्ज़ा ग़ालिब हैं।

संस्कृत के संस्कार उर्दू में गहराई पर असर डालने वाले हुए और फ़ारसी के माध्यम से छनकर आये। उसके विवेचन का यहाँ पूरा अवकाश नहीं किन्तु मैं सबक + ए + हिन्दी को ही संस्कृत का फ़ारसी साहित्य से और वहाँ से उर्दू से सबसे अधिक प्रामाणिक और स्थायी सम्बन्ध बनानेवाला मानता हूँ। मैं इस आलेख को एक बिल्कुल दूसरे ढंग के उदाहरण से समाप्त करना चाहता हूँ।

उर्दू के बारे में, जैसा कि मैनें पहले कहा, यह माना जाता है और यह सच भी है, कि उसके साहित्यिक संस्कार अन्य भारतीय भाषाओं के साहित्यिक संस्कारों से भिन्न हैं और यह भिन्नता ही उसकी विशिष्टता भी है तथा उसके सौन्दर्य का मूल आधार भी। किन्तु उसमें ठीक वैसा ही स्तोत्र-काव्य भी लिखा जा सकता है जैसा कि संस्कृत में और उससे सीधे-सीधे अपना साहित्यिक दाम पाने वाली अन्य भारतीय भाषाओं में, यह लाला शंकर दयाल "ख़ुशतर" ने सिद्ध किया जो उर्दू के अपेक्षाकृत अल्पज्ञात कवि थे। यह स्तोत्र, जिसका नाम *शक्ति चालीसी* है लगभग दो सौ वर्ष पूर्व लिखा गया था और "कल्याण" के शक्ति-अङ्क में प्रकाशित रूप में उपलब्ध हुआ। मैं कुछ उद्धरण देता हूँ जिनसे यह प्रकट होता है कि उर्दू में वह सब कुछ उसी प्रभावकारी पद्धति से लिखा जा सकता है जो किसी अन्य भारतीय भाषा में। इस स्तोत्र को भक्तगण स्तोत्र का ही स्थान देते हैं और जैसाकि "कल्याण" के उस अङ्क में लिखा हुआ है इसे पढ़कर "सहसा हृदयोद्रेक होने लगता है और शान्त होकर

पाठ करने की प्रबल इच्छा हो उठती है। पाठक स्वयं अनुभव करेंगे। . . . इसके पाठ करने से कितनी ही बार अभीष्ट फल प्राप्त होते देखा गया है।"

नमस्कार उसको ही जिससे है पैदा ख़ल्क़ में हर शै
पथे क़त्ले सितमगाराँ जो पै दर पै रहे दर पै
मचा जब गुल कि ऐ दुर्गा, ये हंगामे तरहहुम है
मदद की ब़रमाला सब देवता कहने लगे "जय जय
नमस्तस्यै नमस्तस्यै नमस्तस्यै नमस्तस्यै" ।। 11 ।।

पनाहे दामने दौलत में गर्दिश से फ़लक आया
नजोशेमादरी मादर ने लुत्फ़ उस पर भी फ़रमाया
छुटा क़ैदे अलम से इस्मे अक़्दस लब पै जब लाया
"महामाया महामाया महामाया महामाया
नमस्तस्यै नमस्तस्यै नमस्तस्यै नमस्तस्यै" ।। 12 ।।

सिपह्र + ए + मिह्र हो औ
नैयर + ए + फ़ैज + ओ + अता देवी।
बिना + ए + बख़्शिश + ओ + शाहंशह + ए +
अरज + ओ + समाँ देवी।
मदद की वक़्ते मुश्किल में पुकारा जिसने "या देवी।
महादेवी महादेवी महादेवी महादेवी
नमस्तस्यै नमस्तस्यै नमस्तस्यै नमस्तस्यै" ।। 13 ।।

तु ही है किश्वर + ए + कौनेन की
फ़र्मा रँवा शक्ती।
तु ही लश्करकुश + ओ + दुश्मनकुश + ओ + किश्वरकुशा शक्ती।
ज़बाँ पर है सदाशिव विष्णु ब्रह्मादिक के "या शक्ती।
महाशक्ती महाशक्ती महाशक्ती महाशक्ती
नमस्तस्यै नमस्तस्यै नमस्तस्यै नमस्तस्यै" ।। 14 ।।

जो दे मम्लूक से मालिक को निस्बत है ये नादानी।
सदाशिव इन्द्र सनकादिक, तुम्हें कहते हैं लासानी।
जनाब + ए + विष्णु खुद फ़र्माते हैं वक़्त + ए + सनाख़्वानी।
"महारानी महारानी महारानी महारानी।
नमस्तस्यै नमस्तस्यै नमस्तस्यै नमस्तस्यै" ।। 15 ।।

किसी बे-इल्म ने गर सिद्क़ नीयत से कहा "विद्या"।
तुफ़ैल + ए + नाम से हासिल हुई लाइन्तिहा विद्या।
मिली मुक्त उसको जो शाम + ओ + सहर कहता रहा विद्या।
"महाविद्या महाविद्या महाविद्या महाविद्या।
नमस्तस्यै नमस्तस्यै नमस्तस्यै नमस्तस्यै" ।। 16 ।।

यम + ए + फ़ैज़ + ओ + करम हो,
चश्म॰ + ए + जूद + ओ + सखा़, काली।
अतापोश + ओ + ख़तापोश + ओ + जहाँ –
हाजत़ रवा काली।
उसे कब काल का खटका रहा, जिसने कहा काली।
"महाकाली महाकाली महाकाली महाकाली।
नमस्तस्यै नमस्तस्यै नमस्तस्यै नमस्तस्यै" ।। 17 ।।

सरापा रोशनी अक्स + ए + कफ़क़ से चाँद ने पाई।
तजल्ली नक़्श + ए + पा से नैयर + ए + आज़म के हाथ आई।
छुटा अन्दोह से जिसने कहा वक़्त + ए + जवीं – साईं
"महामाई महामाई महामाई महामाई
नमस्तस्यै नमस्तस्यै नमस्तस्यै नमस्तस्यै" ।। 18 ।।

बक़ा ज़ात + ए + मुबारक को फ़क़त है और सब फ़ानी।
तुम्हीं से आसमाँ पर चिहर॰ + ए + नैयर है नूरानी।
मिटे कुल्फ़त पुकारे गर बशर वक़्त + ए + परेशानी।
"जगतरानी जगतरानी जगतरानी जगतरानी
नमस्तस्यै नमस्तस्यै नमस्तस्यै नमस्तस्यै" ।। 19 ।।

मुहाफ़िज़ तुम हो दिल की रूह + ओ + तन की, जान की दुर्गा।
मुआवित हो अजल से वक़्त + ए + फ़िक्र + ओ + बेबसी दुर्गा।
रहे बेखौफ़ इंसाँ लब से गर निकले कभी दुर्गा।
"सिरी दुर्गा सिरी दुर्गा सिरि दुर्गा सिरि दुर्गा।
नमस्तस्यै नमस्तस्यै नमस्तस्यै नमस्तस्यै" ।। 20 ।।

पढ़े जो शक्ति चालीसी रुख़ + ए + मतलब नज़र आये।
फले फूले निहाल + ए + मुस्तमंदी में समर आये।
ये ख़्वाहिश "शंकरदयाल" की है भक्ती उसको मिल जाये
बहम हो नक़द फ़रहत लब पे यह मिसरा वो जब लाये
"नमस्तस्यै नमस्तस्यै नमस्तस्यै नमस्तस्यै" ।। 21 ।।

मैं समझता हूँ कि पाठक को इसमें कोई सन्देह न होगा कि यदि "हनुमान-चालीसा" एक स्तोत्र है तो यह "शक्ति-चालीसी" भी एक स्तोत्र है। उर्दू में पारम्परिक भारतीय भक्ति-काव्य उसी प्राणवत्ता से लिखा जा सकता है जिस प्राणवत्ता से वह अन्य आधुनिक भारतीय भाषाओं में। शब्द प्रवाह और आन्तरिक रचनात्मक ऊर्जा की दृष्टि से, भावाभिव्यक्ति की दृष्टि से, चाहने पर उर्दू कविता उस अवदान का वहन करने में उतनी ही समर्थ है जितनी अन्य आधुनिक भारतीय भाषाएँ।

4

संस्कृत और तमिल

एच. बालसुब्रह्मण्यम्

"भारतीय इतिहास की भूमिका" नामक ग्रन्थ में सुप्रसिद्ध इतिहासकार स्वनामधन्य चन्द्रगुप्त विद्यालङ्कार इतिहास की महत्ता स्थापित करने के लिए द्वापर युग के अन्तिम सम्राट् परीक्षित् के एक उद्गार का उद्धरण देते हैं – "न हि तृप्यामि पूर्वेषां शृण्वानश्चरितं महत्" अर्थात् "अपने पूर्वजों के पुण्यचरित का श्रवण करते हुए मैं कभी नहीं अघाता।" यह प्रसङ्ग सर्पयज्ञ के परिसमापन के समय का है जबकि महर्षि व्यास ने महाराज परीक्षित को महाभारत की कथा सुनाई थी। पूर्वजों के पुण्यचरित से आप्लावित होने के कारण *रामायण* और *महाभारत* हमारे यहाँ इतिहास माने जाते हैं। भारतीय मनीषा के मानदण्ड के अनुसार राजाओं के जन्म, राज्यारोहण, जय-पराजय और निधन की तिथियाँ इतिहास नहीं बनातीं; यशस्वी चरितों का वर्णन ही इतिहास है जिनसे सच्चे जीवन-मूल्यों की स्थापना होती है; इन्हीं मूल्यों से प्रेरणा लेकर भाषा में निरन्तर सत्साहित्य का सृजन होता है और देश में स्पृहणीय संस्कृति की निर्मिति होती है। इस सन्दर्भ में स्मरणीय है कि भाषा और संस्कृति वाक् और अर्थ की भांति सम्पृक्त हैं। दोनों एक ही सिक्के के दो पहलू की तरह अभिन्न हैं। किंतु विडम्बना यह है कि आज हम वैश्वीकरण की चकाचौंध में आकर निजभाषाओं को आंग्ल भाषा के मोह में तथा अपनी सांस्कृतिक गरिमा को बहुराष्ट्रीय कंपनियों की महाजनी सभ्यता में खो बैठे हैं। इक्कीसवीं सदी में अपनी अस्मिता की तलाश में भटक रहे भारत को मानों जगाने का प्रयास करते हुए पश्चिम के विद्वान् जान सियार्डी की आवाज़ आ रही है – "मुझे बताओ कि कोई देश अपनी भाषा के बारे में कितना जानता है, तब मैं

बताऊँगा कि वह देश अपनी अस्मिता के विषय में कितनी परवाह करता है।" ऐसे परिदृश्य में नवदेहलीस्थ जवाहरलाल नेहरू विश्वविद्यालय के विशिष्ट संस्कृताध्ययन-केन्द्र ने श्रावणी पूर्णिमा के पुनीत अवसर पर संस्कृत भाषा के साथ उत्तर-दक्षिण की कतिपय प्रमुख भाषाओं के सम्बन्ध और उनकी अन्तः-क्रिया पर चर्चा-परिचर्चा का जो आयोजन किया है, वह निश्चय ही सार्थक एवं स्वागतार्ह है।

इस सप्ताह में संस्कृत के साथ विवेच्य भाषाओं में तमिल ही एक ऐसी विशिष्ट भाषा है जो विगत पाँच सहस्र वर्षों से संस्कृत के सङ्ग निरन्तर प्रवाहित होती आ रही है – धवलोज्ज्वल गङ्गा की धारा के साथ कालिन्दी यमुना की श्यामल धारा के समान। इन दोनों का जहाँ-जहाँ सङ्गम होता है ज्ञान-पिपासुओं के लिए वे स्थान कुम्भ बनते हैं।

वैदिक संस्कृत, हिब्रू, यूनानी, लातीन आदि विश्व की प्राचीन भाषाओं की सहवर्तिनी होकर उनसे जुड़ी सभ्यता-संस्कृतियों के साथ अन्तःक्रिया करने का गौरव तमिल भाषा को है। मेसोपोटामिया, बैबीलोन, एथेन्स, रोम आदि प्राचीन नगरों में तमिल वणिकों और उनके प्रतिनिधियों की बस्तियाँ हुआ करती थीं। वेद साहित्य में वर्णित "पणि" यही द्रविड़-वणिक् जन हैं जिनके जलपोत पश्चिम सागर में निरन्तर तिरते थे और जिन्होंने इराक में अपना "उर" (पुर) बनाया था। वेदमन्त्रों के द्रष्टा ऋषियों में अङ्गिरा आदि अनार्य ऋषि तथा सूर्या प्रभृति स्त्री-रत्न भी गणनीय हैं। ऋग्वेद में शताधिक तमिल शब्दों की उपस्थिति तमिल की प्राचीनता और प्रभविष्णुता का प्रमाण देती हैं। महर्षि अरविंद अपने अध्ययन-ग्रन्थ "ऑन दे वेद" में लिखते हैं – "जब मुझे ऋग्वेद् की भाषा और ग्रीक या लैटिन के बीच में अन्तःसम्बन्ध ढूँढना होता है तो उस समय मुझे लौकिक संस्कृत की तुलना में तमिल शब्द-समूह से सहायता मिलती है।" कहने का तात्पर्य यह है कि ऋग्वेद के सैकड़ों शब्दों से महाप्राणत्व और ऊष्मात्व हटा देने पर तमिल तथा प्राकृत की धातुएँ मिलेंगी। काशकृत्स्न धातुपाठ की सैकड़ों धातुएँ उत्तर-दक्षिण की भाषाओं का समानमूल खोजने में सहायता दे सकती हैं।

एक समय था जब संस्कृत और तमिल दोनों भाषाएँ भारत में सम्पर्क भाषा के रूप में व्यवहृत थीं। सदैव यात्रारत ऋषि-मुनि, कवि-चारण तथा

मनीषी साहित्यकार दोनों भाषाओं का पर्याप्त ज्ञान रखते थे। इन दोनों भाषाओं के माध्यम से उत्तर-दक्षिण के बीच संवाद और पर्याप्त आदान-प्रदान होता था। द्रविड़ों की बस्तियाँ उत्तर में दूर-दूर तक फैली हुई थीं। महर्षि अगस्त्य उत्तर और दक्षिण के सेतु का काम करते थे। वे एक तरह से दक्षिण में उत्तर भारत के राजदूत रहे।

महर्षि अगस्त्य ने तमिल भाषा को उसका प्रथम व्याकरण दिया – "*अगत्तियम्*" – जो अब अनुपलब्ध है। बाद में अगस्त्य–शिष्य तृणधूमाग्नि ने *तोलकाप्पियम* नाम से एक अद्भुत व्याकरण ग्रन्थ रचा जो व्याकरण के साथ लक्षण-ग्रन्थ भी है। इसके तृतीय अध्याय "पोरुळ् अधिकारम्" में भूगोल, समाज-विज्ञान तथा जनजीवन चित्रित है। विश्व की किसी भी भाषा में ऐसा विलक्षण व्याकरण नहीं मिलता। इस दृष्टि से सूत्रबद्ध रूप में रचित पाणिनीय व्याकरण की तुलना में *तोलकाप्पियम* सरल एवं सुपाठ्य है। यहाँ पर यह भी उल्लेखनीय है कि किसी भी भाषा में लक्षण-ग्रन्थ या व्याकरण पहले से ही प्रकट नहीं होते। शताब्दियों के वाचिक एवं लिखित साहित्य के निर्माण और प्रचलन के बाद ही लक्षण-ग्रन्थ बनते हैं। *तोलकाप्पियम* पाणिनीय व्याकरण के समकालीन है अर्थात् 2500 वर्ष पहले की कृति है। इसमें अपने समय से पहले रचित लक्षण-ग्रन्थों का उल्लेख है। इन लक्षण-ग्रन्थों से पहले लक्ष्य ग्रन्थ और उनसे पूर्व वाचिक परम्परा के साहित्य रहे होंगे। इस प्रकार तमिल साहित्य की कालगणना पाँच हज़ार वर्ष तक पहुँच जाती है।

तमिल का प्राचीन संघम-साहित्य विचारों की दृष्टि से कितना सारगर्भित था इसकी झलक *पुरनानूरु* की निम्नलिखित पंक्तियों में मिलती है –

यादुम् ऊरे यावरुम् केळिर्
तीदुम् नन्रुम् पिरर् तर वारा
नोदलुम् तणिदलुम् अवट्रोरन्न (पुरनानूरु 132)

अर्थात्

निखिल जगत निज नीड
सकल मानव बंधु बांधव
परकृत नहीं भलाई-बुराई
अपनी करनी अपनी भरनी

तोलकाप्पियम में भूमि को पाँच भागों में बाँटकर उसके निवासियों, वनस्पतियों, पशु-पक्षियों तथा इस परिवेश में उनकी भावनाओं को "अहम्" के अन्तर्गत तथा वीरता, राजनीति, युद्ध, आदि को "पुरम्" में वर्णित करने की व्यवस्था है। विवाह से पूर्व युवक-युवतियों का पूर्वराग और मिलन साहित्य का विषय है। इसीलिए महाकवि कम्बन ने अपनी रामकथा में धनुर्भङ्ग प्रसङ्ग की पूर्वसन्ध्या में श्रीराम-जानकी के मिलन और पूर्वराग का चित्रण किया है और यह सरस प्रसङ्ग तुलसी में भी प्राप्त है। कुरुन्तोगै के एक गीत का भाव कुछ इस प्रकार है –

प्रिये, कैसा मधुर है हमारा मिलन
नहीं जानते थे एक दूसरे को
अलग-अलग स्थानों में जन्मे
लाल धरती पर पड़े वर्षा जल-सम
प्रेमसिक्त हृदय एक हो गए।

वाल्मीकि-रामायण के अन्तःसाक्ष्य बताते हैं कि वाल्मीकि को द्रविड़ भाषा का अच्छा ज्ञान था। सीतान्वेषण के लिए दक्षिण दिशा की ओर जाने वाले वानरों को सुग्रीव-मुख से निर्देश देने के प्रसङ्ग में दिशा और देश वर्णन से पता चलता है कि वाल्मीकि द्रविड़ देश की चप्पा-चप्पा भूमि से परिचित थे। जनस्थान में श्रीरामचन्द्र द्वारा खर-वध का प्रसङ्ग है –

स पपात खरौ भूमौ दह्यमानः शराग्निना।
रुद्रेणैव विनिर्दग्धः श्वेतारण्ये यथान्धकः।। (वा.रा. अरण्य–30/27)

इस उपमा में चर्चित श्वेतारण्य तमिलनाडु के तंजाऊर जनपद का तिरुवेण्काडु है। पाण्ड्यदेश की राजधानी कपाटपुरम में मुक्तामणि निर्मित हेममय कपाट का चित्रमय वर्णन –

ततो हेममयं दिव्यं मुक्तामणिविभूषितम्।
युक्तं कवाटं पांड्यानां गता द्रक्ष्यथ वानराः।। (वा.रा. किष्किंधा–41/18-19)

साथ ही सह्याद्रि में चेर राज्य की सीमा में सात तालवृक्षों की स्थिति, मुरचिपत्तनम, चूर्णा नदी आदि एक-एक स्थान का सूक्ष्म वर्णन नैसर्गिक परिचय के बिना असम्भव है।

वाल्मीकि-रामायण, महाभारत, अष्टादश पुराण, आदि समस्त ग्रन्थ-रत्न पाणिनीय संस्कृत में आज हमें उपलब्ध हैं। *अष्टाध्यायी* की रचना के द्वारा वैयाकरण-शिरोमणि पाणिनि ने संस्कृत को विश्व की सर्वोच्च भाषा के शिखर पर पहुँचा दिया है। पाणिनिय व्याकरण की गणितीय संरचना से अभिभूत होकर वर्तमान युग के प्रशस्त भाषाविज्ञानी नॉम चॉम्स्की ने घोषणा कर दी कि विश्वभर में सङ्गणक के लिए सर्वाधिक उपयुक्त भाषा केवल संस्कृत है।

गहन-से-गहन विचारों को सूत्रबद्ध रूप में व्यक्त करने की सामर्थ्य तथा धातु के आगे-पीछे उपसर्ग-प्रत्ययों के योजन से नव-नव शब्दों की निर्मिति की अपूर्व क्षमता के कारण संस्कृत प्रजनक भाषा की श्रेणी में आती है। तात्पर्य यह है कि संस्कृत के अक्षय भण्डार में शब्दों की कोई कमी नहीं है। लाखों-करोड़ों की संख्या में अश्रुतपूर्व किन्तु सर्वथा सार्थक शब्दों के निर्माण की इसकी अद्भुत क्षमता के सम्बन्ध में डॉ. रघुवीर ने अपने बहुश्रुत कोश की भूमिका में विस्तार से प्रकाश डाला है।

अपनी व्यापकता और प्रभविष्णुता के बल पर संस्कृत अनादि काल से भारत की सामासिक संस्कृति की वाहिका रही है और यह भाषा ज्योतिष, आयुर्विज्ञान, गणित, धर्म, दर्शन, राजनीति, आदि ज्ञान-विज्ञान के विभिन्न क्षेत्रों में शिक्षा के माध्यम एवं पण्डितों-विद्वानों के बीच शास्त्रार्थ तथा विचारों के आदान-प्रदान में सम्पर्क भाषा की भूमिका अदा करती आई है। संस्कृत के माध्यम से सहस्राब्दियों तक भारत के मौलिक चिन्तन का सिलसिला बना रहा। काशी और काञ्ची के बीच अबाध रूप से शास्त्रार्थ होते रहे। देश की अविकसित भाषाओं को संस्कृत से शब्द-सम्पत्ति मिली। पहले से ही विकसित होने के कारण तथा अपने अस्तित्व के लिए पर्याप्त मौलिक धातुओं से सम्पन्न होने के कारण संस्कृत के साथ अन्तःक्रिया करते हुए भी केवल मात्र तमिल अपने स्वतन्त्र अस्तित्व को बनाए रखने में समर्थ रही।

वर्णमाला की दृष्टि से तमिल वर्णमाला में पन्द्रह स्वर तथा अठारह व्यञ्जन, इस प्रकार कुल तैंतीस वर्ण हैं। व्यञ्जन वर्णों में पाँचों वर्गों के प्रथम अक्षर "क, च, ट, त, प" विद्यमान हैं, इनके महाप्राण और घोष महाप्राण वर्ण नहीं हैं। सघोष अल्पप्राण "ग, ज, ड, द, ब" की ध्वनियाँ तो हैं किन्तु वे एक

निश्चित नियम के अनुसार अघोष अल्पप्राण द्वारा व्यक्त होती हैं। स्वरमध्य स्थिति में "क" वर्ण "ह" के रूप में उच्चारित होता है। इसी प्रकार "ट, त, प" की ध्वनियाँ स्वर मध्य में नासिक्य वर्ण के बाद "ड, द, ब" उच्चरित होती हैं। "च" वर्ण स्थान व सन्दर्भ के अनुसार श, स और ज का प्रतिनिधित्व करता है। किन्तु इनका यह अर्थ नहीं लगाना चाहिए कि तमिल की उच्चारण-पद्धति में अराजकता अथवा अनिश्चितता है। उपर्युक्त नियमों की जानकारी होने पर कोई दिक्कत नहीं होती। ब्राह्मी के उत्तरी रूप से देवनागरी और दक्षिण के रूप से तमिल की वर्णमाला विकसित हुई। चूँकि तमिल की प्रकृति में महाप्राणत्व और ऊष्मात्व की व्यवस्था नहीं थी, तमिल ने महाप्राण और घोष ध्वनियों के लिए लिपि-चिह्न नहीं बनाए। तमिल की एक प्रमुख कृति तिरुमन्तिरम में तमिल के इक्यावन अक्षरों का उल्लेख है, सम्भवतः वहाँ तिरुमूलर का उद्देश्य तमिलनाडु में विकसित ग्रन्थलिपि से रहा होगा। तमिलनाडु में देवनागरी का प्रचलन होने से पहले दाक्षिणात्य विद्वान् ताडपत्रों में ग्रन्थ-लिपि में संस्कृत को शुद्ध रूप से लिपिबद्ध करते थे।

देवनागरी से तुलना करने पर तमिल के स्वर-वर्णों में अतिरिक्त रूप से हृस्व "ए" और हृस्व "ओ" का प्रावधान है। दक्षिण की चारों भाषाओं में यह व्यवस्था है। तमिल में "ऋ" और "लृ" नहीं है जबकि ये दोनों स्वर मलयालम, तेलुगु और कन्नड़ में मौजूद हैं। "लृ" का उपयोग केवल एकाध शब्द में होता है। व्यञ्जन वर्णों में दक्षिण की चारों भाषाओं में "ल" के साथ वैदिक (अग्निमीळे) या मराठी "ळ" के लिए लिपि-चिह्न हैं। ल और ळ के अतिरिक्त तमिल और मलयालम में एक विशिष्ट ध्वनि "ऴ" है जिसे परिवर्द्धित देवनागरी में "ळ" के नीचे नुक्ता लगाकर दिखाया जाता है। यह स्वयं तमिऴ् शब्द में तथा संस्कृत "फलम्" का समानार्थी शब्द "पऴम्," कऴगम्, विऴा, आदि शब्दों में प्रयुक्त है। तमिल में "र" का सबलीकृत ध्वनि "ऱ" तथा दन्त्य न के अतिरिक्त वर्त्स्य ऩ के लिए लिपि-चिह्न मिलता है। तमिल की प्राचीन व्याकरण व्यवस्था के अन्तर्गत कोई भी शब्द "र" या "ल" से प्रारम्भ नहीं हो सकता। इसलिए "राम" और "लक्ष्मण" को "इरामन" और "इलक्कुवन्" के रूप में लिखने की प्रथा थी। वर्तमान में तमिल में यह बन्धन नहीं है।

तमिल की एक विशेषता यह भी है कि इसमें संयुक्ताक्षर नहीं हैं। जब दो वर्णों का युग्म बनता है तब पहले वर्ण के ऊपर बिन्दी लगाई जाती है –

जैसेकि आजकल मानक हिन्दी में विद्‌या, द्वापर, आदि शब्दों में द के नीचे हल् चिह्न लगाया जाता है। यही "हल्" व्यवस्था तमिल में सर्वत्र है। उत्तर भारत में संयुक्त वर्ण रहित एक और प्रमुख भाषा है पंजाबी, जिसमें "हल्" का भी प्रयोग नहीं होता।

शब्द-विचार पर आएँ तो हजारों वर्ष पहले संस्कृत ने अपनी आवश्यकता के अनुरूप कई तमिल शब्दों को यथावत् स्वीकार किया था – जैसे मीन, नीर, चन्दन। संस्कृत का "मौक्तिक" तमिल "मुत्तु" से बना है। इसी प्रकार शब्द "मरिचम्" (मिर्च) तमिल के मर+इच के योग से निर्मित है। "मिर्च" शब्द पहले केवल काली मिर्च के अर्थ में प्रयुक्त होता था और इसकी लता किसी "मरम" (वृक्ष) से लगी (इशै) रहती है।

दूसरी ओर तमिल ने संघकाल से ही सैकड़ों संस्कृत शब्दों को अपनाया है। इनमें से अनेक शब्द प्राकृत के माध्यम से लिये जाने के कारण तद्‌भव जैसे लगते हैं – जैसे मस्तक-मत्तगम्; चन्द्र-चन्दिरन्। *तोलकाप्पियम* में यह भी व्यवस्था दी गई है कि जो संस्कृत शब्द तमिल की प्रकृति के अनुरूप हैं जैसे "वेणु", "नाद" उन्हें उसी रूप में स्वीकृत किया जाए और जो शब्द तमिल की प्रकृति से भिन्न हैं उन्हें तमिल ध्वनि-नियम के अनुसार ढालकर तमिलीकृत किया जाए – जैसे शास्त्र–शात्तिरम्। आत्मा–आत्तुमा।

निम्नलिखित कुछेक उदाहरण ऐसे हैं जो दोनों भाषाओं में समानार्थी हैं तथा अपनी-अपनी प्रकृति के अनुरूप हैं

तमिल	संस्कृत
अम्मा	अम्बा
नट्‌चत्तिरम्	नक्षत्र
तंबम्	स्तम्भः
मुहम्	मुखम्
काकम्	काकः
नाट्‌टियम्	नाट्‌यम्
कुमरन्	कुमारः
वालै	बाला
इरवि	रविः
ञानम्	ज्ञानम्

कुछ पदबन्ध और वाक्य ऐसे बनते हैं जिनका ध्वनि-साम्य पुरातन काल में दोनों के समान-मूल की ओर इङ्गित करता है।

संस्कृत	तमिल
इदं वनम्	इदु वनम्
पठितं पुस्तकम्	पठित्त पुत्तगम्
किंचित् जलं दद	कोंजम जलम् ता

कृदन्त और तद्धित के नियम दोनों में समान हैं। यहाँ तक कि लङ् या लिट् लकार के बिना "गतवान्" जैसे रूपों से संस्कृत में भूतकाल बनाने की शैली तमिल के अनुरूप है।

चर्चा के इसी क्रम को आगे बढ़ाते हुए तमिलनाडु के घरों में आज भी सहज रूप से प्रचलित कुछ संवाद वाक्यों का निरीक्षण करें तो आपको यह निर्णय करना कठिन हो जाएगा कि वे लोग संस्कृत बोल रहे हैं या कि तमिल। कुशल-प्रश्न के सामान्य-से वाक्य जो दैनन्दिन वार्तालाप में प्रयुक्त हैं –

1. अय्या! वांग, सौक्यमा?
2. उंग पुण्यत्तिले सुकम् तान्।
3. एन्न समाचारम्?
4. विशेषमा ओन्नुं इल्लै।
5. पयणम् सौकर्यमा इरुन्ददा?
6. आमाम्।

अब इन वाक्यों के संस्कृत रूपान्तरों को देखें –

1. अय्या वांग! – "आर्य आगम्यताम्"। सौक्यमा? "अपि सौख्यं/कुशलं वर्तते?"
2. उंग पुण्यत्तिले – "भवतां पुण्यफलेन" सुखम् तान् – "(अयंजनः) सुखी एव।"
3. एन्न समाचारम्? (हिंदी) क्या समाचार है?
4. विशेषमा ओन्नुं इल्लै। – "नास्ति कश्चित् विशेषः"।
5. पयणम् सौकर्यमा इरुन्ददा? (पयणम्-प्रयाण, यात्रा)। – "किं तव प्रयाणम् सुकरं/सुखदं आसीत्?"
6. आमाम्। "आम् आम्"।

इस लघु वार्तालाप में आए संस्कृत शब्दों की गणना करें तो विस्मय होगा। हमें यह भी नहीं भूलना चाहिए कि यह दैनन्दिन बातचीत का प्रसङ्ग है, विद्वानों का संवाद नहीं। इस तरह के सामान्य प्रसङ्ग में हिन्दी भाषा के अञ्चल में संस्कृत शब्दों का इतना प्रचुर प्रयोग कल्पनातीत है।

कहने का तात्पर्य यह है कि मातृभाषा के मोह और वृथा दम्भ में आकर गत पचास वर्षों में तमिलनाडु में शिक्षा, विज्ञान और प्रशासन की शब्दावली से संस्कृत शब्दों को चुन-चुनकर बहिष्कृत करने की प्रवृति के चलते हुए भी आज भी गाँव-नगर के साधारण भाषा-व्यवहार में सैकड़ों संस्कृत शब्द प्रयोग में हैं। जन-जीवन में हजारों संस्कृत शब्द इस तरह घुल-मिल गए हैं कि स्वयं तमिलभाषियों को पता नहीं चलता कि वे संस्कृत शब्द हैं। उदाहरण के लिए आप यदि कोई ऐसी बात रखते हैं जिस पर तमिलभाषी व्यक्ति की सहमति है तो वह यही कहेगा – “निच्चयमा” अर्थात् “निश्चित ही,” ऐसे प्रसंग में हिंदी भाषी की प्रतिक्रिया होगी “जरूर”। अर्थात् जहाँ हिन्दीभाषी के भाषा-व्यवहार में संस्कृत या देशज शब्दों के साथ विकल्प के रूप में उर्दू के शब्द चलते हैं, वहाँ तमिलभाषियों के यहाँ तमिल के विकल्प के रूप में संस्कृत या प्राकृत शब्द उपलब्ध हैं।

अब व्याकरण, निघण्टु, काव्य-शास्त्र, न्याय, नीतिशास्त्र, धर्म, दर्शन, आदि में तमिल और संस्कृत के परस्पर आदान-प्रदान की संक्षिप्त चर्चा समीचीन रहेगी।

व्याकरण

तोलकाप्पियम के द्वितीय एवं तृतीय शब्द तथा विषय-प्रकरणों के अनेक सूत्रों में संस्कृत का प्रभाव परिलक्षित होता है। सहस्राब्दियों से दोनों भाषाएँ सहवर्तिनी रही हैं और दोनों के बीच आदान-प्रदान होता रहा, इसलिए यह आश्चर्य की बात नहीं है। “वेट्रुमै इयल्” अर्थात् “विभक्ति प्रकरण” संस्कृत के अनुरूप है। काव्यशास्त्र के अन्तर्गत अलङ्कार और रस प्रकरण में तथा व्याकरण के समास प्रकरण में पूरी सङ्कल्पना संस्कृत की है।

तोलकाप्पियम के बाद *नन्नूल* तमिल का प्रसिद्ध व्याकरण ग्रन्थ है, इसके रचयिता भवनन्दी संस्कृत-व्याकरण के ज्ञाता होने पर भी *तोलकाप्पियम* की

तमिल परम्परा का ही अनुसरण करतें हैं। जबकि *वीरचोलियम* में तमिल भाषा के व्याकरण को संस्कृत नियमों के अनुरूप ढालने का असफल प्रयास हुआ है।

भाष्य और निघण्टु युग

ग्यारहवीं-बारहवीं शताब्दी में तमिल में प्रचुर मात्रा में भाष्य-ग्रन्थ और निघण्टुओं की रचना हुई। उस समय तक संस्कृत के अनेक ग्रन्थों का तमिल में अनुवाद हो चुका था। धर्म, दर्शन और काव्यशास्त्र के अनेक शब्द और सङ्कल्पनाएँ सामान्य प्रचलन में आ चुकी थीं। अतएव भाष्यकार मूलग्रन्थ के सिद्धान्तों के निरूपण एवं व्याख्या के लिए संस्कृत के बहु-प्रचलित पारिभाषिक शब्दों और सङ्कल्पनाओं को संस्कृत मूल में ही रख देते थे। परिमेलषगर ने *तिरुक्कुरल* की अपनी विशद् व्याख्या में संस्कृत के धर्मशास्त्र एवं *मनुस्मृति* के उद्धरण दिए हैं।

कोश के लिए पहले तमिल में संस्कृत का निघण्टु शब्द ही प्रचलित था। "दिवाकरम," "पिंगलंतै" आदि तमिल निघण्टुओं में संस्कृत के *निरुक्त* और *अमरकोश* की प्रणाली के अनुसार शब्दों को उनके अपने वर्गों में दिया गया है – जैसे देववर्ग, वृक्षवर्ग, आदि।

तमिल के *तोलकाप्पियम* और संस्कृत में भरत मुनि के *नाट्यशास्त्र* में एक समानता पाई जाती है कि किसी विषय या तथ्य को अवतरित करने के बाद जहाँ भरतमुनि, "इत्याचार्याः" कहते हैं, वहाँ तोलकाप्पियर् "एन्ब" शब्द का प्रयोग करते हैं अर्थात् "यों कहते हैं (आचार्य)।" प्राचीन ग्रन्थकारों में यह शालीनता थी कि वे अपने नाम को आगे नहीं करते थे। भरत मुनि के अनुसार रसों का आदि प्रवर्तक नन्दिकेश्वर है, वैसे ही वैयाकरणों का मानना है कि भाषा के शब्दों के आदि प्रवर्तक साक्षात् महेश्वर हैं जिनके डमरू से अ, इ, उण्, ऋलक् . . . हल् की ध्वनियाँ निकली थीं। तमिल परम्परा में महेश्वर अर्थात् शिवजी तमिल संघम् के प्रवर्तक और उसके अध्यक्ष भी हैं। फिर नन्दिकेश्वर का नाम लें तो उनके बारह शिष्यों में पतञ्जलि और व्याघ्रपाद के साथ एक सुन्दरनाथ भी थे। यही सुन्दरनाथ अगस्त्य की तरह तमिल भूमि में प्रविष्ट होकर "तिरुमूलर" कहलाए। तिरुमूलर के *तिरुमन्तिरम* में नौ प्रकरणों के अन्तर्गत तीन सहस्र मन्त्र या पद हैं। *तिरुमन्तिरम* ग्रन्थ योग, व्याकरण,

चिकित्सा और साधना का महासम्पुट है। कहने का तात्पर्य यह है कि पुनः-पुनः यही सिद्ध होता है कि संस्कृत और तमिल का आदि स्रोत एक है।

साहित्य

नीतिशास्त्र में *तिरुक्कुरल* और चाणक्य के *अर्थशास्त्र* में पर्याप्त समानताएँ मिलती हैं। *तिरुक्कुरल* दोहा जैसे छन्द में रचित 1330 पदों का सङ्ग्रह है। धर्म, अर्थ और काम इन तीन प्रकरणों में विभक्त *तिरुक्कुरल* मानव-धर्म पर विशेष बल देता है। उसमें मनुष्य को उत्तम मनुष्य को बनाने का स्वप्न मिलता है जबकि चाणक्य का *अर्थशास्त्र* विशुद्ध रूप से राज्य-व्यवस्था और अर्थतन्त्र पर केन्द्रित है।

तमिल के पञ्च महाकाव्य *शिलप्पधिकारम, मणिमेखलै, जीवक चिन्तामणि, वळैयापति* और *कुण्डलकेशी* में जैन-बौद्ध धर्मों का प्रभाव है। *शिलप्पधिकारम* में सङ्गीत और नृत्य के उपकरणों, राग-रागिनियों और भेदों का सूक्ष्म वर्णन मिलता है।

आर्य संस्कृति का प्रभाव

उत्तर संघकाल की कृतियों में संस्कृत शब्द, वेद-धर्म और यज्ञयाग का प्रचलन बढ़ने लगा। *ऐंकुरुनूरु, कुरुन्तोगै* आदि में समाज में ब्राह्मणों के बढ़ते प्रभाव का उल्लेख है। ब्राह्मणों का वर्चस्व बढ़ने के साथ-साथ वेद-धर्म की महत्ता और पौराणिक आख्यानों का तमिल साहित्य में समावेश होने लगा। संघकालीन तमिल देवता "मायोन्," "चेयोन्" और "कोट्रवै" क्रमशः, विष्णु, कार्तिकेय और दुर्गा में समाहित हुए। भगवान् शिव आर्यों द्वारा स्वीकृत एवं सम्पूजित हुए। शिवजी द्वारा त्रिपुर-दहन, कार्तिकेय का जन्म, शूरपद्म का वध, कृष्ण की लीलाएँ, परशुराम द्वारा क्षत्रिय कुल का विनाश आदि आख्यानों ने तमिल साहित्य में स्थान पाया। वसिष्ठ-पत्नी अरुन्धती पातिव्रत का प्रतीक मानी गई। *पदिट्रुपत्तु, परिपाडल्,* आदि में वेद-धर्म के उत्कर्ष का वर्णन है। संघकालीन कवियों में अनेक नाम संस्कृत के मिलते हैं। इसका अर्थ यह हुआ कि उत्तर से आकर आर्य तमिल में रच बस गए। सहदेवनार, कपिलर, उलोचन, आत्रेयन, शाण्डिल्यन्, दत्तन्, आदि नाम इसका प्रमाण देते हैं।

चेर-चोल और पाण्ड्य राजाओं द्वारा अनेक यज्ञ-याग अनुष्ठित हुए। अनेक यज्ञों का अनुष्ठान के कारण एक चोल राजा ने "पल्यागशालै

मुदुकुडुमि पेरुवषुदि" की उपाधि पाई। उत्तर भारत में यज्ञ-यागों का प्रचलन बन्द होने के बाद भी दक्षिण में काफी समय तक यज्ञ-यागों का अनुष्ठान जारी रहा।

पल्लव और विजयनगर साम्राज्य में संस्कृत का बड़ा मान-सम्मान रहा। राजा महेन्द्र पल्लव का *मत्तविलास प्रहसनम्* और कृष्णदेवराय की कृति *आमुक्तमाल्यदा* उल्लेखनीय हैं।

मणिप्रवालम्

तमिल की मणिप्रवाल-शैली के वर्णन के बिना संस्कृत और तमिल की चर्चा पूर्ण नहीं होगी। मध्यकाल में तमिलनाडु के जैन विद्वानों ने एक ऐसी भाषा-शैली का प्रयोग शुरू किया जिसमें संस्कृत और तमिल के शब्द मणि और प्रवाल से पिरोये कण्ठहार के समान विलस उठते थे। पन्द्रहवीं सदी के जैनियों के *श्रीपुराण* से एक उदाहरण लें –

विजयमा देवियुम् गरुडयंत्रत्तिन् मेऱ्पोहि यक्षियिन् प्रभावत्ताल् शरीरबाधै इन्रिय श्मशान प्रदेशमडैन्दु सर्वोपांगोपांग सुंदरनाहि चन्द्रादित्तरै अतिशयिक्कुम् कांति-दीप्तियिनै उडैयवागिय पुत्रनै पयन्द पिन् यक्षिदेवतै अनित्यवादि संसार स्वभाव-वर्णनपूर्वकमाह . . .

श्रीरामानुजाचार्य के भतीजे तिरुक्कुरुगै पिरान के भाष्य-ग्रन्थ से एक उदाहरण:

भगवत्संश्लेषमे प्राप्यमुम् अन्यसाध्यमान विदुक्कु साधनमुम् अवने। अन्द साधनत्तिले अन्वयिक्कैक्कु अधिकारिकळुम् अन्तराप्यत्तिल् इच्चै उडैयवर्गळे एन्रु साध्यस्वरूपत्तैयुम् अधिकारिस्वरूपत्तैयुम् साधित्तु . . .

मणिप्रवाल शैली में सन्त तायुमानवर के पद्य का उदाहरण –

अद्भुत अगोचर निवृत्तिपेरुम् अन्बरुक्

कानन्द पूर्तियान

अद्वित निश्चय स्वरूप साक्षात्कार

अनुभूति अनुसूतमुम्

कर्पनैयऱ्क्काण्ण मुक्कण्णनुडन् वडनिषल्

कण्णूडिरुन्द गुरुवे
करुदरिय चित्सभैयिल् आनन्द नर्तमिडुम्
करुणाकर कडवुळे

उपसंहार

उत्तर और दक्षिण सदा एक-दूसरे का पूरक रहा है। उत्तर में एक विचार-सूत्र का जन्म होता है तो दक्षिण में जाकर वह पल्लवित-पुष्पित होता है और फिर उत्तर में जाकर फलीभूत होता है। इस रूपक को स्पष्ट किया जाए तो पाएँगे कि उत्तर में वेद की ऋचाएँ लिखी गईं; दक्षिण के आचार्यों ने उन पर भाष्य लिखे, साथ ही पदपाठ, क्रमपाठ, जटापाठ और घनपाठ की विधियाँ निकालकर वेदमन्त्रों के उच्चारण और श्रुति-परम्परा को सुरक्षित रखा। यही नहीं, उपवेदों और कलाओं का भी सृजन किया, तब जाकर एक समन्वित पाठ्यक्रम को रूप देना संभव हुआ। अग्नि, वायु, वरुण, उषा, सन्ध्या, आदि वायवीय देवताओं की सङ्कल्पना उत्तर में हुई, द्रविड़ भूमि में पहुँचकर उन देवी-देवताओं का पार्थिव सम्बन्ध हुआ; वे नाना नामरूप धरकर पुराण-कथाओं के रोचक कथा-पात्र बन गए। वेदों में जिसका नामोल्लेख मात्र मिलता है, उस वासुदेव कृष्ण को दक्षिण के आलवार सन्त मन में और नयन में देखने मात्र से सन्तुष्ट नहीं हुए, वरन् दिव्यप्रबन्ध के चार सहस्र पदों में इन लीलाओं को सुनिबद्ध किया। पुरुषोत्तम का वही लीला-माधुर्य पुष्टिमार्ग की धारा में प्रवाहित होकर सूरसागर बना और मीरा का अवलम्ब बना। उत्तर के श्रीराम को दक्षिण का हनुमान् मिला जो असाध्य का साधक सिद्ध हुआ। उत्तर ने मन्त्र दिया तो दक्षिण ने तन्त्र। उत्तर ज्ञान की भूमि है जहाँ ब्रह्म निर्गुण-निराकार रूप में नदी-पर्वत के शान्त वातावरण में विलसित है। दक्षिण के भक्ति-मार्ग ने देवी-देवताओं के लिए सुन्दर मन्दिर बनाए जहाँ बाहरी कलश-गोपुर से लेकर अन्दर के गर्भ-गृह तक मानव-शरीर को ही प्रतीक बनाया गया है। शङ्कर, रामानुज और मध्वाचार्य दक्षिण के आचार्य थे, उत्तर में उनका अपूर्व स्वागत हुआ। इन सभी कार्यकलापों में संस्कृत और तमिल की महती भूमिका रही। संस्कृत और तमिल का यह मधुर सम्बन्ध महाप्राण निराला की वाणी में कितने सुन्दर ढङ्ग से रूपायित होता है –

तुम तुङ्ग हिमालय शृङ्ग, मैं चञ्चल-गति सुरसरिता।

5

पंजाबी और संस्कृत – अन्तःसम्बन्ध

सत्यव्रत शास्त्री

भाषा का पंजाबी नाम पंजाब प्रदेश की होने पर पड़ा है। भारत में अनेक भाषाओं के नाम उन-उन प्रदेशों के नामों पर आधारित हैं जिन-जिन में उनका चलन है।

अन्य भाषाओं की तरह पंजाबी में भी संस्कृत शब्दों की बहुलता है। अन्तर इतना है कि इसमें उत्तर भारत की अन्य भाषाओं की तरह तद्भव शब्द अधिक हैं।

पंजाबी की पाँच प्रमुख विभाषाएं हैं –

1. मालवी
2. दोआबी
3. माझी
4. पोठोहारी
5. लैंहदा

मालवी मालवा क्षेत्र में बोली जाती है जिसमें पटियाला, नाभा, मलेरकोटला, सरहिन्द और लुधियाना के जिले आते हैं। दोआबी, दोआब, दो नदियों, व्यास और सतलुज के बीच के क्षेत्र के जालन्धर और होशियारपुर जिलों में बोली जाती है। माझी, मध्यदेश (माझ शब्द मध्य का ही परिवर्तित रूप है), के अमृतसर, लाहौर, कसूर और लायलपुर जिलों में बोली जाती है। पोठोहारी रावलपिण्डी के आस-पास के क्षेत्रों की बोली है। लैंहदा का प्रचलन मुल्तान, मुज़फ्फ़रगढ़, अटक आदि में है। इन विभाषाओं में न केवल उच्चारण में ही

भेद है, अपितु अनेक बार शब्दावली में भी है। जहाँ मालवी से माझी तक कहना शब्द प्रयुक्त किया जाता है वहाँ पोठोहारी में आखना या आंह्ना। इसी तरह पहिचानने के लिये पहली तीन विभाषाओं में पहचानना या पछानना प्रयुक्त होता है वहाँ पोठोहारी और लैंहदा में सियानना। इसी तरह पहली तीन विभाषाओं में संस्कृत का अश्रु शब्द हंजू की तरह उच्चारित किया जाता है और बाद की में अथरू की तरह। भैंस के लिए संस्कृत का महिषी शब्द मालवी में म्हैंस उच्चारित होता है और अन्य विभाषाओं में मज्झ की तरह। चलने के लिये मालवी और दोआबी में तुरना (संस्कृत की *त्वर* धातु से) शब्द है जिसे अन्य तीन विभाषाओं में टुरना रूप में उच्चारित किया जाता है। देखा गया इस अर्थ में जहाँ अन्य विभाषाओं में देखिया गया प्रयुक्त होता है वहाँ लैंहदा में दिट्ठा, और संस्कृत में दृष्ट प्रयुक्त होता है। मालवी और दोआबी में जहां देखना, संस्कृत दर्शन, प्रयुक्त होता है वहाँ माझी और पोठोहारी में वेखना, संस्कृत वीक्षण।

सभी विभाषाएं संस्कृत से प्रभावित हैं। पंजाबी शब्द स्वयं संस्कृत का है। पञ्चाप : पाँच जल, पाँच नदियां – पाँच नदियों के बीच में यह स्थित है।

पंजाबी भाषा की विशेषता जिसे यहां रेखाङ्कित करना आवश्यक है वह यह है कि जहां अन्य भाषाओं के संस्कृतमूलक पर्यायवाची शब्दों में से किसी एक को ही अपनाया गया है वहाँ इसमें दूसरे पर्यायवाची शब्द को भी। संस्कृत में प्यास के लिये दो शब्द हैं पिपासा और तृषा। जहां पिपासा का प्यास रूप तो अन्य भाषाओं में आ गया वहां तृषा शब्द अस्पृष्ट ही रहा। पंजाबी में इसका भी रूप उपलब्ध है – त्रेह। इसी प्रकार कहना तो कथन से आ गया पर *ख्यात्र् व्यक्तायां वाचि* से बना आख्यान अस्पृष्ट ही रहा। पंजाबी में वह आखना, आखया, आखदा है आदि रूपों में आ गया। अग्नि या आग रूप तो अन्य भाषाओं में भी आ गया पर उसी का वाचक अन्य संस्कृत शब्द भा न आ पाया। पंजाबी ने उसे भी अपना लिया – तैनूं भा लगे, तुम्हें आग लगे (पोठोहारी और लैंहदा में प्रयुक्त)। पुत्रवधू के लिये संस्कृत शब्द है स्नुषा। हिन्दी आदि में बहू शब्द का प्रचलन है जो कि पूर्ववर्ती देवदत्तो दत्तः सत्यभामा भामेति की शैली पर पुत्र शब्द के लोप (= परिहार) करने के कारण वधू का ही परिवर्तित रूप है। पंजाबी में उसके लिये नूंह शब्द का प्रचलन है जो कि स्नुषा का परिवर्तित रूप है। अन्य भाषाओं में अप्रयुक्त शब्दों का पंजाबी में प्रयोग है। पाणिनीय धातुपाठ में लिश् धातु पठित है।

अर्थ वहाँ उसका दिया गया है अल्पीभाव – लिश् अल्पीभावे, कम होना। इसी से ही अर्थ निकला दुर्बल होना। पंजाबी में कृश होने के लिये कहा जाता है लिस्सा होना। कर्क शब्द संस्कृत में श्वेत का पर्यायवाची है। पंजाबी में इसका कक्का के रूप में प्रयोग है। यहाँ यह अवधेय है कि बालों के सन्दर्भ में ही इसका प्रयोग है – कक्के बाल, श्वेत केश। भाषा की यह प्रकृति है कि कतिपय विशेषताओं का सम्पर्क कतिपय पदार्थ विशेषों के साथ होने के कारण उन विशेषताओं के निरूपक शब्दों का उन पदार्थ विशेषों के लिये ही प्रयोग होता है। महाभाष्यकार ने इस तथ्य को बहुत ही मार्मिक शब्दों में अभिव्यक्त किया है – *नियतविषयाः शब्दा दृश्यन्ते*। तद्यथा – *समाने रक्ते वर्णे गौःर्लोहित इति भवत्यश्वः शोण इति। समाने च काले वर्णे गौः कृष्ण इति भवत्यश्वो हेम इति। समाने च शुक्ले वर्णे गौः श्वेत इति भवत्यश्वोः कर्क इति* (१,४,३७)। पंजाबी में यही हुआ है, बालों तक के लिये कक्का (कर्क) शब्द सीमित हो गया है।

सिख सम्प्रदाय के अनेक शब्द संस्कृत के हैं। उनमें बालों के लिये केश शब्द का ही प्रचलन है, केश धोना, केश संवारना। गुरु ने पाँच कक्कों, ककारों में केश शब्द का ही प्रयोग किया है। गुरु के सिख (शिष्य) उसके बाहर कहां जा सकते थे। सेवा शब्द का भी वहां बहुत प्रचलन है, सेवा पाना, सेवा अर्पित करना गुरुद्वारे में अपनी सेवाएं अर्पित करना, सेवादार, गुरुद्वारे के कर्मचारी, खण्डा, तलवार (संस्कृत के खण्ड पद में यही शब्द है।) सिखों के एक विशेष वर्ग के लिये प्रचलित शब्द निहंग भी संस्कृत का निःसंग ही है, केवल इसमें "स" का "ह" की तरह उच्चारण हो गया है जोकि उत्तर-पश्चिमी उच्चारण में प्रायः देखा जाता है। गुरु ग्रन्थ साहिब के पाठ के लिये शब्द कीर्तन इस सम्प्रदाय में प्रयुक्त है जो कि संस्कृत का शब्द कीर्तन ही है। विवाह के लिये वहाँ आनन्द कारज शब्द प्रयुक्त होता है जोकि संस्कृत का आनन्दकार्य ही है। अभिवादन के लिये वहाँ सतश्री अकाल उच्चारण करने की प्रथा है जोकि संस्कृत का सत्यश्रीः अकाल ही है। प्रसाद के रूप में वहाँ हलवा दिया जाता है। उसे हलवा न कह कड़ाह कहा जाता है जोकि संस्कृत का कटाह है क्योंकि हलवा कटाह में बनता है इसलिए उसे कटाह या कड़ाह ही कह दिया जाता है। रोटी को वहाँ प्रसादा, संस्कृत का प्रसाद कहा जाता है और मांस को महाप्रसाद। सिखों में अधिकांश केश रखते हैं पर कुछ नहीं

भी रखते हैं पर सिख धर्म को मानते हैं। जो केश रखते हैं उन्हें केशधारी कहा जाता है, जो नहीं रखते हैं उन्हें सहजधारी।

एकाध बार पंजाबी में यह भी देखने में आता है कि संस्कृत का शब्द दो विभिन्न अर्थों में पंजाबी में अपना लिया गया है। उदाहरणार्थ पिण्ड शब्द। मूल संस्कृतोच्चारण में इसका अर्थ है, ग्राम। आकारान्त उच्चारण, पिण्डा, में इसका अर्थ है शरीर। कालिदास ने इसी शरीर के अर्थ में इसका *रघुवंश* में प्रयोग किया है –

एकान्तविध्वंसिषु मद्विधेषु पिण्डेष्वनास्था खलु भौतिकेषु (२.५७)। ग्रामार्थ में पिण्ड शब्द का प्रयोग इसके मूल अर्थ 'समूह' को परिलक्षित कर ही पंजाबी में हुआ होगा। स्वयं ग्राम शब्द की भी यही स्थिति है। इसके विषय में महाभाष्यकार का कथन है – *ग्रामशब्दोऽयं बह्वर्थः। अस्ति ससीमके सस्थण्डिलके वर्तते। अस्ति समूहेऽपि वर्तते भूतग्राम इन्द्रियग्राम इति*। चूंकि ग्राम में गृह-समूह रहता है इसलिये समूहार्थक पिण्ड शब्द तदर्थ प्रयुक्त होने लगा था।

इसी पिण्ड से सम्बद्ध पिण्डी शब्द है। क्रियापद के प्रयोग न होने पर उसका आशय रहने पर वाक्यद्वयता सिद्ध करने के लिये निम्न उक्ति में इसका प्रयोग सुप्रसिद्ध है – प्रविश पिण्डीम् (गृहाण यहां अनुक्त है)। यही पिण्डी शब्द पंजाबी में पिन्नी रूप में पाया जाता है।

पंजाबी में गाँव के लिये पिण्ड और ग्राम इन दोनों शब्दों का चलन है। ग्राम का उच्चारण वहां ग्रां होता है। ग्रामीण के लिये वहां अलग-अलग स्रोत के दोनों शब्द प्रयुक्त हैं – पेंडू और ग्राईं। अन्तर केवल इतना है कि पहिले शब्द की ध्वनि बहुत अच्छे रूप में नहीं है। इसमें ग्राम्य, rustic का भाव है।

कतिपय शब्द पंजाबी में मूल संस्कृत स्वरूप एवम् अर्थ में ही प्रयुक्त हैं। किसान के लिये पंजाबी का शब्द है हाली जो संस्कृत शब्द ही है। इसी प्रकार पशु के लिये एक तो पशु शब्द ही है और दूसरा है डंगर जिसमें संस्कृत के कडंगर के "क" का केवल उच्चारण नहीं है। कालिदास ने *रघुवंश* में पञ्चम सर्ग में रघु-कौत्स संवाद में कडङ्गर शब्द का प्रयोग किया है – *नीवारपाकादि कडङ्गरीयै रामृश्यते जानपदैर्न कच्चित्* (पद्य ९)।

दोआबा क्षेत्र में एक ठेठ संस्कृत शब्द का हूबहू उसी रूप में प्रयोग है। एक अत्यन्त उपद्रवी व्यक्ति को वहाँ उल्कापाती कहा जाता है। इसी प्रकार

दुकान के लिये वहाँ प्रयुक्त शब्द हट्टी है। दुकानदार को वहाँ हटवानिया कहा जाता है जहाँ पहिला अंश संस्कृत का हट्ट है। पंजाबी में पात्र के लिये भाण्डा शब्द का प्रयोग है जो संस्कृत का भाण्ड शब्द ही है। समय-असमय के लिये वहां वेला-कुवेला का प्रयोग है – *वेला-कुवेला नही देखदा जदों चाहे आ जांदा ए,* समय-असमय नहीं देखता, जब चाहे आ जाता है। सन्देश के लिए पंजाबी शब्द है स्नेहा या सनेहा जो कि संस्कृत का स्नेह शब्द ही है। संस्कृत का धन शब्द पंजाबी में भी उसी रूप में प्रयुक्त होता है। पंजाब में बहिनें भाई के लिये वीर शब्द का प्रयोग करती हैं – *रखड़ी बन्हवा लै मेरे वीर सावन आया,* मेरे भाई राखी बंधवा लो, सावन आ गया।

एकाध वर्ण के हेर-फेर के साथ अनेक शब्द पंजाबी में अपने मूल संस्कृत रूप में ही प्रयुक्त हैं। पंजाबी में अतिथि के लिये परौहना शब्द संस्कृत का प्राधुणिक ही है। अब के लिये हुन शब्द संस्कृत का शब्द अकाररहित अधुना ही है। हुनै अधुनैव है। सुन्दर के लिये सोहना संस्कृत का शोभन है। खाट के लिये मंजा, संस्कृत का मञ्च शब्द है जहां "च" "ज" की तरह उच्चारित किया जाता है। यदि खाट या चारपाई छोटी हो तो उसे मंजी कहा जाता है। पीठ पीढा की तरह उच्चारित किया है जहां "ठ" "ढ" बन गया है। यदि उसका आकार छोटा हो तो उसे पीढ़ी कहा जाता है। खट्वा, की चर्चा पहिले की गई। उसका प्रयोग भी पंजाबी में है खट्ट के रूप में पर अर्थ में भेद है। खट्ट का अर्थ दहेज है जो उसे खाट पर सजा कर दिखाने की प्रथा के कारण ही हुआ होगा। खट्टी रूप में यह कमाई का वाचक है। कमाई के साथ खट्टी-कमाई के रूप में यह कमाई के अर्थ में प्रयुक्त है।

समझदार, सुव्यवस्थित के लिये पंजाबी में शब्द है सुचज्जा और उसके विपरीत के लिये कुचज्जा जो कि संस्कृत के सुचर्य और कुचर्य ही हैं। पंजाबी की एक प्रसिद्ध कहावत है – *मां कुचज्जी धीयां पुत्रां कज्जी,* मां नासमझ थी, पुत्रों और पुत्रियों ने उसे (= उसकी नासमझी को) ढंक लिया। बताने के लिये पंजाबी में दसना शब्द है जोकि संस्कृत का दर्शन शब्द ही है। संस्कृत का वश के लिये तालव्य "श" को दंत्य स में परिवर्तित कर "वस" बन गया है। इन प्रयोगों को दर्शाने के लिये एक पंजाबी सुभाषित को यहां उद्धृत करना अप्रासङ्गिक न होगा –

भैन दे घर भ्रा कुत्ता
सौह्रे दे घर जवाई कुत्ता
एस तो बड्डा भी दस
सौरा पया नूंह दे बस
वड्डा कुत्ता किंज भौंके
अपने जीउं दे जी धन पुत्रां नूं सौंपे।

प्रश्न – बहिन के घर में भाई कुत्ता होता है और ससुर के घर में जंवाई। इससे बड़ा भी बता!

उत्तर – (जब) ससुर पुत्रवधू (स्नुषा के नूंह रूप की पहिले चर्चा की जा चुकी है) के वश में पड़ जाता है।

प्रश्न – बड़ा कुत्ता कैसे भौंकता है?

उत्तर – (उस व्यक्ति की तरह जो) अपने जीवनकाल में धन पुत्रों को सौंप देता है।

संस्कृत का धन्य शब्द समाक्षरता के सिद्धान्त के कारण धन्न बन जाता – धन्न गुरु नानक। स्मरण शब्द सिमरन की तरह उच्चारित होता है – नाम सिमरन।

गेहूं के लिये पंजाबी का शब्द है कनक जोकि अन्तिम "क" के बिना (आधुनिक भारतीय भाषाओं में संस्कृत के आदि अथवा अन्त के "क" को त्याग देने की प्रायिक प्रवृत्ति है (उदाहरण – संस्कृत मूलक, हिन्दी मूली) संस्कृत का कण शब्द ही है। क में इ के साथ किण रूप में बहुवचन में यह बूंदों का अर्थ देता है – *किणियाँ पै रहियां* ने, बूदें पड़ रही हैं। ओले के लिये संस्कृत भाषा का शब्द है करका – *वर्षोपलस्तु करका*। पंजाबी में यही करका अन्तिम "क" के अभाव में गड़ा रूप में पाया जाता है। ओला शब्द भी वहाँ है जो कि उपल शब्द का ही तद्भव रूप है।

इसी सन्दर्भ में पंजाबी की एक प्रवृत्ति की ओर सङ्केत करना आवश्यक है और वह है एक ही अर्थ के विभिन्न संस्कृत शब्दों का तद्भव रूप में सह-प्रयोग। खट्टी और कमाई की चर्चा ऊपर की जा चुकी है। खट्टी-खट्वा का तद्भव रूप है और कमाई कर्म का। गांव-देहात में अभी तक भी खाट पर फैलाकर चीज़ों को बेचने की प्रथा है। इन पंक्तियों के लेखक ने उसे अपनी आँखों से देखा है। उस बिक्री से जो आमदनी होती है वह खट्टी कहलाई जाने लगी। बाद में पृथक् रूप में और कमाई के साथ संयुक्त रूप में भी इसका प्रयोग होने लगा।

इन समानार्थक भिन्न संस्कृत शब्दों के तद्भव रूपों के सहप्रयोग का एक अन्य सटीक उदाहरण हैं *व्याहया-परनया* = विवाहित, जिसमें व्याहया विवाहित का तद्भव रूप है और परनया परिणीत, का, काम-काज, संस्कृत कर्म-कार्य (इस तरह का प्रयोग हिन्दी में भी है काम-काज); देखन-पाखन, संस्कृत दर्शन-प्रेक्षण, अर्थ – देखने में; चित्त-चेते (प्रयोग – मेरे ते एह चित चेते च बी नहीं सी, अर्थ – दूर-दूर तक यह बात मेरे मन में नहीं थी), संस्कृत चित्त-चेतस्; चंगा-भला (प्रयोग – चंगा-भला सी हुन ओन्हूं की हो गया, अच्छा-भला था, अब उसे क्या हो गया), संस्कृत चंग-भला (संस्कृत भद्र का प्राकृत रूप); गल्ल-बात (अर्थ बातचीत), संस्कृत – गल्प-वार्ता।

क्ष पंजाबी में क्ख रूप में पाया जाता है। पंजाबी का कक्ख शब्द संस्कृत का कक्ष शब्द ही है। अर्थ दोनों में एक ही है – तिनका। पंजाबी की एक सुप्रसिद्ध कहावत है कि *दूसरे दे महल नूं देख के कोई अपनी कक्खां दी कुल्ली नहीं ढा दिंदा!* दूसरे के महल को देख कोई अपनी तिनकों की झोंपड़ी नहीं गिरा देता। यहां कक्खां के साथ कुल्ली शब्द भी अवधेय है जो कि संस्कृत के कुलाय (= घोंसला) शब्द का परिवर्तित रूप है। संस्कृत का कुक्षि शब्द कुक्खी रूप में पंजाबी में पाया जाता है। इस सम्बन्ध में भी कहावत है – *जेठ हाड़ कुक्खीं ते सावन-भादों रुक्खीं!* ज्येष्ठ और आषाढ़ के महीनों में कुक्षि, अर्थात् घर के भीतर, covered space में रहना चाहिये और सावन-भादों में पेड़ों के नीचे। रुक्ख (वृक्ष) संस्कृत का पक्ष शब्द पंजाबी में पक्ख रूप में उपलबध है। पंजाबी के पंखे के वाचक पक्खी (पक्खी झल्लना, पंखा डुलाना) पक्ष शब्द का ही स्त्रीलिङ्ग — पक्षी का ही परिवर्तित रूप है। संस्कृत का निष्पक्ष शब्द पंजाबी में निरपक्ख रूप में प्रयोग किया जाता है। पसलियों के लिये वक्खी शब्द वक्ष(स्) का ही अपभ्रंश है।

शरीरावयववाचक शब्दों में संस्कृत का पिण्डली इसी रूप से पसली के अर्थ में पंजाबी में प्रयुक्त है। नाभि के लिये केवल मात्र पंजाबी में पाया जाने वाला धुन्नी शब्द संस्कृत का तुन्दि शब्द है।

अधिकांशतया तद्भव रूप में अवस्थित पंजाबी में संस्कृत शब्दों की भारी सङ्ख्या है। प्रस्तुत भाषण उनका दिग्दर्शन कराने का एक विनम्र प्रयास है।

6

Sanskrit and Kannada

Reflections on the Linkages*

V.R. Panchamukhi

Introduction

IN India, of the present times, there are supposed to be 1652 languages, declared as mother tongues, if all the dialects of each parent language are included. Most of the languages are limited to a small number of people and only 33 of them are spoken by more than one lakh people. As per the 2001 Census, about 32.8 million people have declared Kannada as their mother tongue, while only 50,000 persons have declared Sanskrit as their mother tongue. Of course, these figures do not at all give any insight into the nature and depth of the impact, which Sanskrit language has had on Kannada over the past several centuries. It is worth mentioning, in this context, that Karnataka has the privilege of possessing one full village, named Maddur, in which the entire population — householders, farmers, shopkeepers, etc. communicate in Sanskrit, in all their day-to-day transactions!

---

* Lecture delivered at the programme organized by Professor Shashiprabha Kumar, Professor and Director, Special Centre for Sanskrit Studies, Jawaharlal Nehru University, New Delhi, 2006.

Scholars of the history of languages have put forward the thesis that Sanskrit belongs to the Indo-European family of languages and that Aryans who migrated to India from Central Asia brought Sanskrit language with them. Of course, many other scholars of history and Indology have contested this thesis and have argued that the Aryans and Sanskrit language are totally indigenous to the land of Bhārata Deśa. However, it is universally recognized that Sanskrit is one of the oldest languages of the world, having its origin in the period of more than 5000 years before Christ and that it is the mother of many other languages in India and abroad.

Kannada language does not have the same type of ancient historical roots as is observed for Sanskrit. Kannada, Tamiḷ, Telugu and Malayaḷam are often referred to as Draviḍian group of languages, drawing their name from the fact they were developed in the Draviḍian region. Some researchers do not agree with the commonly held perception that the term Draviḍian stands for a distinct race different from the Aryans. On the other hand, they have derived the etymological meaning to the term Draviḍian from the effect that this region is the land (*iḍa*) of water and/or volcanic fluid (*drava*).

The first record on Kannada language is traced to emperor Aśoka's Brahmagiri edict dated 230 BCE. The first full length stone incription in Kannada (Old Kannada — Haḷe Gannada), is known to be found in Halmidi in Karnataka and it belongs to CE 450. There have been a large number of stone inscriptions and copper-plate inscriptions in Sanskrit, written in old Kannada script. In fact, Kannada language has the unique distinction of having the largest number of inscriptions, numbering 40,000 or so, which demonstrates that Kannada language had spread far and wide in the different sections of the society. It is quite revealing to find that the most widespread language, viz. Kannada has had significant influence of the most ancient language, viz. Sanskrit.

The purpose of this write-up is to document and discuss the nature and the scope of the influence that the Sanskrit language has had on the Kannada language in multiple dimensions. We would consider different dimensions of the influence and argue that Kannada language has been extensively enriched by the overarching nature of this influence process. I would present my views in the following phases: The next section would deliberate on the broad contours of the philosophy of languages, as such, and would argue that the comparison of languages has to be conducted in a holistic framework, covering different dimensions, such as, evolution of thoughts, nature of the emotions and conventions, contours of culture and traditions, in general, in the context of the intellectual developments in a society.

The third section presents, in an illustrative manner, a profile of the themes chosen for the Kannada literature and the impact that Sanskrit literature has had in this regard. This section also gives a bird's-eye view of the growth of the Kannada and Sanskrit literature that had taken place with the royal support and patronage of the various Kannada dynasties since the early part of the first millennium.

The fifth section presents in an illustrative manner, the influence of the Sanskrit language and Sanskrit literature on the usage of words/phrases, and in general, on the growth of Kannada literature. The next section reflects upon the causes for the process of decay in the Sanskrit language and its impact on the growth of contemporary literature in the different vernacular languages, in particular, that of Kannada. This section also provides some guidelines for the expansion of literature in Kannada and Sanskrit, in a manner which would be mutually reinforcing and enriching.

Holistic Approach for Language Comparisons

Language is one of the most powerful media for expressing thoughts, emotions and responses. The very definition of *bhāṣā* (language) conveys this essential purpose of a language.

स्फुटवाक्करणोपात्तो भावाभिव्यक्तिसाधकः।
संकेतितो ध्वनिव्रातः सा भाषेत्युच्यते बुधैः॥

sphuṭavākkaraṇopātto bhāvābhivyaktisādhakaḥ ।
saṅketito dhvanivrataḥ sā bhāṣetyucyate budhaiḥ ॥

It is rather difficult to imagine as to how the world would have shaped, in case there was no language at all. The following *śloka*s sum up the strategic importance of language in life:

वाचामेव प्रसादेन लोकयात्रा प्रवर्तते।

vācāmeva prasādena lokayātrā pravartate ।

— *Kāvyādarśa* 1.36

इदमन्धन्तमः कृत्स्नं जायेत भुवनत्रयम्।
यदि शब्दाह्वयं ज्योतिरासंसारं न दीप्यते॥

idamandhantamaḥ kṛtsnaṁ jāyeta bhuvanatrayam ।
yadi śabdāhvayaṁ jyotirāsaṁsāraṁ na dīpyate ॥

— *Kāvyādarśa* 1.4

It is only due to the benevolence of language that all the activities of the world are made possible.
All the three worlds would have been drowned in darkness, if the lamp in the form of words/language were not to illuminate the worlds.

It is believed in the *Bhāṣā-Śāstra* of Sanskrit that there are three stages in the production of a language. These are called as *mantra, tantra* and *yantra* (*yantraka*). *Mantra* signifies the idea or thought prompted by *ātmā; tantra* connotes the efforts made to produce sound through the articulation of the different parts of the mouth. *Yantra* stands for the sound and the *varṇa* that the *tantra* generates; *yantra* or *yantraka* is also supposed to signify the *God/Goddess* that enters the *varṇa* as its commanding deity. The term *mātr̥* is used to signify the *God/Goddess* and its idol is called *mātr̥kā*. This approach of deifying the process of the generation of a *varṇa*/language, as conceived in the ancient Indian Bhāṣā-Śāstra gives a unique spiritual strength to *bhāṣā*, thereby making it an instrument for realizing bliss and harmony.

Pāṇini's *Sikṣā* beautifully sums up the process of the generation of *varṇas*, in the following *śloka*:

आत्मा बुद्ध्या समेत्यर्थान् मनो युङ्क्ते विवक्षया ।
मनः कायाग्निमाहन्ति स प्रेरयति मारुतम् ॥
मारुतस्तूरसि सञ्चरन् मन्द्रं जनयते स्वरम् ।
— पाणिनीयशिक्षा 6-7a

ātmā buddhyā sametyārthān mano yuṅkte vivakṣayā ।
manaḥ kāyāgnimāhanti sa prerayati mārutam ।
mārutastūrasi sañcaran mandraṁ janayate svaram ॥
— *Pāṇinīyaśikṣā* 6-7a

Thus, there is a close linkage between the generation of thoughts by the *ātman* and the final output of the *varṇas* from the mouth. Pāṇini also documents the sources of the different types of the sounds coming out of the mouth. Pāṇini's profound treatise on the grammar and Śabda-Śāstra is heralded as the most fundamental, even by the most modern linguists.

Vedas have given unique significance to language in all its stages. *R̥gveda* pronounces that language is the force capable of building a nation and unifying its different wings.

अहं राष्ट्री सङ्गमनी वसूनाम् ।
ahaṁ rāṣṭrī saṅgamanī vasūnām ।
— *R̥gveda* 10.125.3

Language, i.e. *bhāṣā* is believed to have been created by the supreme Lord, as part of all his other creation processes.

देवीं वाचमजनयन्त देवास्तां विश्वरूपाः पशवो वदन्ति ।
devīṁ vācam ajanayanta devāstāṁ viśvarūpāḥ paśavo vadanti ।
— *Ṛgveda*, 8.100.11

Gods created the goddess of the Speech and the language and all other creatures accept and use this in their speech.

It is also believed that the first letters, *varṇas*, emerged when Lord Śiva was beating his instrument called *ḍamarū*. The first profound linguist of the world, Pāṇini, is believed to have heard these first set of letters from the *ḍamarū* of Lord Śiva and is supposed to have received his inspiration to write the first ever treatise on Grammar of Sanskrit and the Science of Linguistics.

These basic principles of the origination of Sanskrit language seem to have influenced the processes of development of all other languages that owe their origin and development to Sanskrit.

Presently, in the context of the analysis of the influence of Sanskrit on Kannada Language, we would briefly analyse the nature of the influence of the thoughts expressed and the themes dealt with in the ancient Sanskrit Literature, on the nature and canvas of the Kannada literature. Secondly, we propose to briefly narrate as to how the letters and the words of Kannada owe their origination and formulation to the Sanskrit words and phrases. We would also discuss the influence that Sanskrit Grammar had had on the formulation of the principles of Grammar in Kannada. Thus, the comparison of Sanskrit with Kannada language would be in the context of all the three-dimensions, viz. *mantra, yantra* and *tantra.*

Themes and Literature

Sanskrit Literature has covered wide range of themes and different dimensions of life. The most ancient Sanskrit Literature, viz. Vedas, Upaniṣads and Purāṇas has dealt with the *adhyātmika themes*, such as *mokṣa*, *bhakti*, and also subjects, such as, the stories of Rāma, Kṛṣṇa and other mythological supreme gods and goddesses. They have also propounded the most profound theories and propositions pertaining to physical sciences, such as, Physics, Botany, Zoology, Astronomy, Medicine and Mathematics, as also pertaining to Social Sciences, such as, Economics, Political Science, Sociology, Management and Psychology. *Rāmāyaṇa* and *Mahābhārata* stand out distinctly as the great Sanskrit epics that have influenced the creation of vast literature in many languages, both in India and abroad. The early literature in old Kannada (Halagannaḍa) draws heavily from these themes.

Sri Gurunanja Bhatta Bhaskara, the well known Kannada literary personality of ancient vintage, translated *Yajurveda* into Kannada. The Sanskrit treatises in Vyākaraṇa, Alaṅkāra-Śāstra, etc. have been the basis of many works in Kannada.

The extensive literature on Bhakti movement, beginning from the sixteenth century CE is built on the themes of *Bhāgavatam*, *Rāmāyaṇa*, *Mahābhārata*, *Bhagavad-Gītā* and several Purāṇas. Some of the recent Kannada literature is also based on the Purāṇic themes, such as, *Rāmāyaṇa* and *Mahābhārata*. *Rāmāyaṇa darśanam*, a *mahākāvya* in Kannada, composed by the great Kannada poet, Sri K.V. Puttappa, with the penname as Kuvempu (twentieth century) is a classic example in this context.

The classic work on Kannada poetry, entitled *Kavirājamārga* is composed by King Amoghavarṣa I of ninth century CE and it draws from the principles of Sanskrit poetry. It is supposed to be modelled on the lines of the celebrated *Kāvyādarśa* of Daṇḍin. Another classic on Kannada Grammar, entitled, *Śabdamaṇidarpaṇa* of Keśīrāja of about twelfth century CE emulates a number of grammar rules prevalent in Sanskrit literature and developed by the great Sanskrit grammarian, Pāṇini.

The great monumental work of encyclopaedia, called *Mānasollāsa,* in Sanskrit was written by the famous king of Cāḷukyan dynasty of Karnataka, viz. Someśvara II, the son of Vikramāditya, belonging to about twelfth century CE.

The development of Kannada literature had its golden period during the Vijayanagara period of fourteenth to sixteenth century CE. Kumāra Vyāsa's *Karnāṭa Bhārata Kathā Mañjarī* (fifteenth-century poet), was a grand testimony for the influence of Sanskrit language and its literature on Kannada language and its literature.

The famous Kannada Viśva-Kośa written by the second Chavundaraya of the Vijayanagra period, draws heavily from a large number of Sanskrit works, in diverse fields, such as Jyotiṣa, Vāstuśāstram and Āyurveda. Another Viśva-Kośa, entitled *Vivekacintāmaṇi,* of Nijaguṇa Śivayogī also draws heavily from the Sanskrit literature, dealing with subjects, such as, Kāvya, Nāṭaka, Saṅgītam, Kāma-Śāstra, Āgamas, Tantra-Śāstra, etc. It is worth noting that the author of the great work on Mathematics, called *Gaṇitasārasaṁgrahaḥ,* written in Sanskrit, viz. Mahāvīrācārya, a great Mathematician of the ninth century CE hailed from Karnataka. Vijayanagara kingdom gave patronage for the development of language and literature in relation to various languages, viz. Sanskrit, Kannada and Telugu. It is interesting to find that this kind of royal patronage was responsible for cross fertilization of different ideas and themes and expansion of literature in different languages. It is worth noting that the extensive influence of Sanskrit on Kannada language and literature continued unabated, until the end of the sixteenth-seventeenth century CE. We observe that the subsequent period saw some sort of declining trend in regard to the extent of creative interlinkages between the two languages.

Kannada Words

Let me present an overview of some of the Kannada words and phrases that owe their existence to Sanskrit and also that can be derived etymologically from Sanskrit roots. There are many words in Kannada that are fully equivalent to Sanskrit words. Such words are called as *tatsama.* There are many words in Kannada that owe their origin to some Sanskrit words but have been transformed into new words in the common usage. Such words are called as *tadbhava.* The Kannada language is dominated by *tatsama* words. Examples of *tatsama* words are the following: *gṛhastha, gāyaka, paryāya, parvata, sūrya, candra, madhura, manuṣya, vādya, samāja, sammāna, samārambha, nirīkṣaṇa,* etc. Examples of *tadbhava* words are the following: *nīru* from the Sanskrit word *nīram, ditti* from *dṛṣṭī, basava* from the Sanskrit word *vṛṣabhaḥ, amardu* from the Sanskrit word *amṛta, hedeya* from the Sanskrit word *hṛdaya, bomma* from the Sanskrit word *brahman, sakkada* from the Sanskrit word *sanskrit, sakkare* from the Sanskrit word *śarkarā, jatre* from the Sanskrit word *yātrā, sunna* from the Sanskrit word *cūrṇa,* etc.

The Kannada Grammar treatise *Śabdamaṇi-Darpaṇa,* spells out the rules of transforming a Sanskrit word into a *tadbhava* word for use in Kannada. For example the following rule is worth noting:

> पदादिय ऋत्त्वक्कित्त्व देत्त्व दत्त्वद् विधानमुत्त्वं बहुलम् ।
> *padādiya ṛttvakkittva, dettva, dattvada vidhānamuttvaṁ bahulam* ।

If *ṛ* is there at the beginning of a Sanskrit word, it will have *ādeśa* (replacement) by *E* (इ), or *Ye* or *A* (ए या अ) while forming the *tadbhava* word for Kannada. For example, the word *basava* is derived from the word *vṛṣabha.*

Some scholars derive a number of commonly used Kannada words, etymologically from Sanskrit roots. For example, the word *kuri* is used to refer to sheep, in common vernacular Kannada. *Kura śabde, kurati beh iti śabdayati iti kuri. Kuri* is the animal which makes noise as *beh.* The *atte* is used in Kannada to refer to mother-in-law. *Ati bandhane, atayati sutapradānena sambandham kārayati iti atte. Appa* is the term used to refer to father. The etymology for it is given as follows: *āpyate putrasantatiḥ anena iti appa.* (Such interesting but rather unusual derivations were given to me by the well known philosophy scholar, Śrī Hayavadan Purāṇik, visiting Professor at our Rashtriya Sanskrit Vidyapeetha, Tirupati.)

सर्वं नाम धातुजमाह शकटस्य तोकम् ।
sarvaṁ nāma dhātujamāha śakaṭasya tokam ।

This means that all the words are derived from roots. However, it is argued that if the apparent Kannada words do not have the basis or the full backing of rigorous Sanskrit Vyākaraṇa rules, they become termed as Prakrita words. Though such derivations look interesting and feasible, they seem to be somewhat stretched derivations from the Sanskrit roots by the Sanskrit enthusiasts. Any way, this seems to be a good topic for intensive research and debate.

It is useful to give here some examples of the extensive use of Sanskrit words and phrases in some of the famous Kannada classics of past and recent vintage. Kumāra Vyāsa's *Mahābhārata* is a great Kannada epic of fifteenth century CE as described earlier. See the following *Maṅgala Padya* repeated at the beginning of each *adhyāya* of this *mahākāvya*:

श्रीवनितेयरसने विमळ रा
जीव पीठन पितने जगकति
पावनने सनकादि सज्जननिकरदातार
रावणासुरमथन श्रवण सुधाविनूतन कथनकारण
कावुदानत जनव गदुगिन वीर नारयण ।

śrī vaniteyarasane vimala rā
jīvapīṭhana pitane jagakati
pāvanane, sanakādi sajjananikaradātāra,
rāvaṇāsura mathana śravaṇa
sudhā vinūtana kathana kāraṇa
kāvudānata janava gadugina vīra nārayaṇa ।

It is not difficult to see as to how this Kannada *padya* is replete with a large number of chaste Sanskrit words. The entire *kāvya* is also full of innumerable Sanskrit words.

The discussion given in the previous paragraphs clearly brings out that Sanskrit language has been the basic foundation for Kannada, for that matter for all the so-called Draviḍian languages.

Decline in the Status of Sanskrit and the Urgency of Affirmative Action to Restore it

Sanskrit has nourished a number of languages of the world. But the most lamentable situation is that Sanskrit has itself fallen from its state of glory over the past several centuries. Having been the language for education and communication, at one time in the past history, it has now come to a situation, when, it is being branded by some, as a dead language. Study of Sanskrit language has been fast disappearing from our midst. Awareness about the rich treasure of knowledge and wisdom that is contained in the vast Sanskrit literature, right from our ancient times, has been fast dwindling. In fact, some sort of dislike and disrespect for Sanskrit as a language and for Sanskrit literature have been increasing. Various factors seem to have contributed to this process of gradual decline in the status of Sanskrit in the intellectual space of our society. This decline seems to have begun at the beginning of the last millennium, when a number of external onslaughts had started on the cultural, political and intellectual space of the nation. While some analysts do not agree with the thesis that the foreign regimes, which ruled India over the past several centuries, were, at least partially responsible for the decline in the status of Sanskrit in the society, there is no denying the fact that the decline in the position of pre-eminence and that in the extent of creativity, which the Sanskrit language had demonstrated in the past, coincided with the expansion and persistence of foreign regimes in the country. Analysts have also argued that the relatively greater patronage, which the local/regional languages started receiving from the people and from the rulling elite/class, significantly contributed to the decline in the status of Sanskrit. Explosive expansion of the literature in vernacular language has been partly responsible for pushing the status of Sanskrit to the backbench. It is indeed regrettable that even in independent India, the policy support for the revival and promotion of Sanskrit is far from satisfactory. Sanskrit is no longer a compulsory subject in our education system in many states. Sanskrit teaching positions in schools and colleges remain vacant for a long time and these posts are finally abolished in many educational institutions. The result of this decline in the scope and standard of the learning of Sanskrit is felt in the erosion of the extent of cross-fertilization that should ideally take place between Sanskrit and the other languages. The process of nourishment, which Kannada and other languages had received from Sanskrit in the past, has now become stagnant, thereby causing irreparable damage to the growth of languages and their literature. It is high time now that learning of Sanskrit as a language and study of Sanskrit literature in a framework of contemporary relevance are restored with affirmative action by the Government as also by the concerned Institutions of Languages and Literature.

7

Sanskrit and Telugu

V. Kutumba Sastry

TELUGU language, which is the single largest spoken vernacular of Indian subcontinent, is considered to belong to the family of Dravidian languages. Several scholars take exception to this theory and consider it to belong to the Aryan family of languages and derivative of Sanskrit language. The reason for this conflict is mainly due to the quantum of influence of Sanskrit language on Telugu. Whatever be the case, the influence of Sanskrit is exceptionally high on Telugu among the four major languages of south India. Some people claim that Malayalam has more influence of Sanskrit. But our considered opinion is that the degree of influence of Sanskrit is the highest in respect of Telugu among the south Indian languages.

We can assess the relation of Sanskrit with Telugu from various points of view. For example:

(1) Large scale and near total translation of Sanskrit original works into Telugu.
(2) Employing and adopting of techniques of Sanskrit grammar while writing grammar for Telugu.
(3) Use of Sanskrit language in the works of Telugu.
(4) Use of *tatsama* (तत्सम) and *tadbhava* (तद्भव) words.

(5) Use of compounds with Sanskrit stems.
(6) Use of rare Sanskrit words in a very rare sense.
(7) Employing various kinds of literary activities such as *aṣṭāvadhāna* (अष्टावधान), *śtāvadhāna* (शतावधान), *sahasrāvadhāna* (सहस्रावधान), etc.
(8) Employing *chanda* (छन्द्)=prosody and *alaṁkāra* (अलङ्कार)=poetic embellishments of Sanskrit.

1. Large Scale and Near Total Translation of Sanskrit Original Works into Telugu

Large scale and near total translation of Sanskrit works into Telugu has taken place. All the three great epics, namely, *Rāmāyaṇa, Mahābhārata, Śrīmad-Bhāgavata* along with scores of other Purāṇas and *mahākāvya*s have been translated into Telugu in a faithful manner. As a result Telugu has enormous literature. In fact, it is its strength. It is held by critics that a language is assessed greatly on account of the richness and largeness of its literature. This is the dividing line for treating a few of hundreds of languages as major or important languages. Linguists further opine that languages without the support of literature will sooner or later disappear from the scene. Seen from this point of view Telugu stands much ahead of other modern Indian languages in the variety, richness and largeness of its literature. It is more or less equal to Sanskrit.

There is another important aspect to be noted here. Usually, *Mahābhārata* and the other Purāṇas are narrative in their nature and do not carry poetic embellishment of significant level. But the Telugu authors have added all the qualities, characteristics and embellishments of poetry into the body of translation of Itihāsa and Purāṇa literature while keeping faithfulness to its narrative content. This has resulted in enriching the appeal of Telugu epic literature. Otherwise, dull narrative Purāṇic literature took the form of embellished poetry. Hundreds of examples can be sighted wherein the original Purāṇic narrative has been enriched by introducing dramatic and poetic embellishment. Potana in the *Śrīmad Āndhra Mahā Bhāgavata* dramatized the hurry, quick and sudden change of attitude of Lord Mahāviṣṇu at the time of hearing the death-cry of Gajendra, immortalizing the same in the minds of admirers:

सिरिकिं जेप्पडु शङ्खचक्रयुगमुं जेदोयि सांधिंपडे-
परिवारंबुनु जीरडभ्रगपतिं बन्निंप डाकर्णिकां-
तरधम्मिल्लमु जक्कनोत्तडु विवादप्रोद्धत श्रीकुचो-
परिचेलांचलमैन वीडडु गजप्राणावनोत्साहि यै ॥

sirikiṁ jeppaḍu śaṅkhacakrayugamuṁ jedoyi sandhiṁpaḍe-
parivāraṁbunu jīraḍabhragapatiṁ banniṁpa ḍākarṇikāṁ-
taradhammillamu jakkanottaḍu vivādaproddhata śrīkuco-
paricelāñcalamaina vīḍaḍu gajaprāṇāvanotsāhi yai ॥

Gajendra, the elephant, gave a desparate death cry unable to win the crocodile, surrendering himself totally at the feet of Lord Viṣṇu. Soon he heard the call, and started to reach the place at once, unmindful of any other context, happening or need. Potana describes the situation in a dramatically immortal way.

"Lord Viṣṇu, focused on protecting the life of Gajendra, got up and started at once to reach the place without even informing his consort Lakṣmī, without even taking his weapons, *śaṅkha* and *cakra,* without calling his *vāhana* Garuḍa, without even combing his locks which were in a disturbed state, and without even leaving back fall of *sāṛī* of his consort Lakṣmī, which he was holding earlier in a sport."

This description suggests the suddenness and state of unmindfulness of anything else, however, important and needful it could be, and single-mindedness of Lord Viṣṇu for protecting the Gajendra. Informing his consort about his mission or place of going is a compulsion of courtesy, possessing weapons is necessary if the mission is to attack any enemy or demon, calling the services of Garuḍa is necessary for completion of mission speedily, decency in appearance is necessary while going out. Yet, he did not do any of these. Not only that, he did not even leave the fall of *sāṛī* of his consort Lakṣmī compelling her to run in the same speed along with him. No better description is possible to highlight the nature and disposition of Lord Viṣṇu towards protecting his devotees.

2. Employing and Adopting the Techniques of Sanskrit Grammar While Writing Grammar for Telugu

Nannayya Bhaṭṭa is held to be the *ādikavi* of Telugu literature, who has translated first three Parvans of *Mahābhārata*. He has also written the very first grammar of Telugu language, namely, *Āndhra Śabda-Cintāmaṇi* (आन्ध्र शब्द-चिन्तामणि). It is quite interesting to note that it is written totally in Sanskrit following the Sūtra Tradition of Pāṇinian Grammar. Further, he has adopted all the techniques of Sanskrit grammar, namely, *itsaṁjñā* (इत्संज्ञा) its *lopa* (लोप) and various resultants of *itsaṁjñā* (इत्संज्ञा).

When the word *karaku* (करकु) is followed by *ammu* (अम्मु), *sandhi* takes place joining the two words as *karakuṭammu* (करकुटम्मु). Nannayya enjoins *ṭugāgama* (टुगागम) here. It should be noted here that he followed the system of Pāṇini by importing his ideas of *āgama* and *ādeśa, itsaṁjñā* (इत्संज्ञा) of *ṭakāra* (टकार), and the import of the *sūtra, ādyantau ṭakitau* (आद्यन्तौ टकितौ). Similar is the case with the word *rājunājña* (*rāju* + *ājña*) [राजुनाज्ञ (राजु + आज्ञ)] importing Pāṇinian convention *midaco'ntyātparaḥ* (मिदचोऽन्त्यात्परः). The nominative singular of stem *rāma* (राम) in Telugu is *rāmuḍu* (रामुडु). As per the nature of Telugu Language there are three genders, namely masculine *mahadvācakamu* (महद्वाचकमु), feminine *mahatīvācakamu* (महतीवाचकमु) and neuter *amahadvācakamu* (अमहद्वाचकमु). Nannayya prescribes *mahataḥ soḥ ṅuṅ janito bhavet puṁsi* (महतः सोः डुङ् जनितो भवेत् पुंसि) to enjoin *ṅuṅ* (डुङ्) *ādeśa* of *su* (सु) (राम + डुङ् = *rāma* + *ṅuṅ*). We need *ukāra* (उकार) on *makāra* (मकार). He enjoins, *mahato 'ta udvibhaktau* (महतोऽत उद्विभक्तौ), thus deriving the desired form *rāmuḍu* (रामुडु). It should be noted here that Nannayya imported the system of Pāṇini while using *at* (अत्) (तपरकरण = *taparakaraṇa*) and *paribhāṣā tasminniti nirdiṣṭe pūrvasya* (तस्मिन्निति निर्दिष्टे पूर्वस्य), etc. Therefore, the entire thought, system and methodology of Pāṇini is adopted as it is even though the stems and suffixes are of Telugu. For a person not familiar with Pāṇini's grammar, Nannayya remains incomprehensible.

Nannayya, without elaborating on the system, acknowledges importation of Pāṇinian system by saying simply, *anuktamanyaśabdānuśāsanvat* (अनुक्तमन्यशब्दानुशासनवत्).

To cite yet another example:

Hari (हरि) is the form of nominative singular of word *hari* (हरि). Evidently, it is *ikārāntamahadvācaka* (इकारान्तमहद्वाचक) word. In the said form *sup* (सुप्) suffix is not heard. Therefore, Nannayya enjoins saying, *sorlugitau* (सोर्लुगितउ). As in the case earlier, understanding this *sūtra* involves understanding of Pāṇinian system of *lukślulupaḥ* (लुक्श्लुलुपः) and *pratyayalope pratyayalakṣaṇam* (प्रत्ययलोपे प्रत्ययलक्षणम्), etc.

3. Use of Sanskrit Language in the Works of Telugu

श्रीवाणीगिरिजाश्चिराय दधतो वक्षोमुखाङ्गेषु ये . . . . . .
लोकानां स्थितिमावहन्त्यविहतां स्त्रीपुंसयोगोद्भवाम्
ते वेदत्रयमूर्तयस्त्रिपुरुषाः सम्पूजिता वस्सुरैः
भूयासुः पुरुषोत्तमाम्बुजभवश्रीकन्धराः श्रेयसे ॥

śrīvāṇīgirijāścirāya dadhato vakṣomukhāṅgeṣu ye . . . .
lokānāṁ sthitimāvahantyavihatāṁ strīpuṁsayogodbhavām
te vedatrayamūrtayastripuruṣāḥ sampūjitā vassuraiḥ
bhūyāsuḥ puruṣottamāmbujabhavaśrī kandharāḥ śreyase ॥

This is the first stanza of the very first work of Telugu literature by Ādikavi Nannayya Bhaṭṭa. Evidently, it is totally written in Sanskrit. Telugu literature has several sentences of Sanskrit interwoven in it.

For example:

> आ निष्ठानिधि गेहसीम नड्रे यालिञ्चिनन् म्रोयु नें-
> ते नागेन्द्रशयानु पुण्यकथलुन् दिव्यप्रबन्धानुसं-
> धानध्वानमु "नास्ति शाकबहुता नास्त्युष्णता नास्त्यपू-
> पो नास्त्योदनसौष्ठवञ्च कृपया भोक्तव्यम्" अन्पल्कुलुन् ॥

> *ā niṣṭhānidhi gehasīma naḍure yaliñcinan mroyu neṁ-*
> *te nāgendraśayānu puṇyakathalun divyaprabandhānusaṁ-*
> *dhānadhvānamu "nāsti śākabahutā nāstyuṣṇatā nāstyapū-*
> *po nāstyodanasauṣṭhavañca kṛpayā bhoktavyam" anpalkulun* ॥

In the above Telugu stanza of Sṛkṛṣṇadevarāya, pure Sanskrit sentence is intersected as shown in bold letters.

Note the following stanza in the "आमुक्तमाल्यदा" *āmuktamālyadā*:

> "अद्धा वाग्विबुधं बहोवचनकव्याहार माहा वचः
> सिद्धं बाः कृततां गतः कविरिति श्रीसूक्ति विद्याधरं
> बिद्धौद्धत्यमगाल्लयं हि कुधियो इत्युन्नदन्भूनभं"
> बद्धीराग्रणि गेल्पुट्टुत्सवमु नन्दय्येन् नभंबंतयुन् ॥

> *"addhā vāgvibudhaṁ bahovacanakavyāhāra māha vacaḥ*
> *siddhaṁ bāḥ kṛtatāṁ gantaḥ kaviriti śrīsūkti vidyādharaṁ*
> *biddhauddhatyamanāllayaṁ hi kudhiyo ityunnandanbhūnabhaṁ"*
> *baddhirāgraṇi gelpuṭutsavamu nandayyen nabhaṁ baṁtayun* ॥

Several hundreds of such instances can be seen in Telugu literature.

4. Use of *tatsama* (तत्सम) and *tadbhava* (तद्भव) words

Every stanza given here as an example of any special characteristic — before and hereafter — can be cited as example of use of *tatsama* (तत्सम) and *tadbhava* (तद्भव) words.

5. Use of Compounds with Sanskrit Stems

We may watch the following stanzas for abundant use of compounds with *tatsama* (तत्सम) words:

शारदनीरदेन्दुघनसारपटीरमरालमल्लिका-
हारतुषरफेन रजताचलकाशफणीशकुन्दम-
न्दारसुधापयोधिसिततामर सामरवाहिनी शुभा-
कारतनोप्पु निन्नु मदि गानगनेन्नडु गल्गु भारती ॥

अट जनि कांचे भूमिसुरू डम्बरचुम्बि शिरःसरज्झरी-
पटलमुहुर्मुहुर्लुठदभङ्ग तरङ्गमृदङ्गनिःस्वन-
स्फुटनटनानुकूलपरिफुल्लकलापकलापिजालमुन्
कटकचरत्करेणुकरकपिम्तसालमु शीतशैलमुन् ॥

आपुरि बायकुण्डु मकराङ्कशशाङ्कमनोज्ञमूर्ति भा-
षापरशेषभोगि विविधाध्वरनिर्मलनित्यकर्मदी-
क्षापरतन्त्रु डंबुरुहगर्भकुलाभरणम्बनारता-
ध्यापनतत्परुंडु प्रवराख्यु डलेख्यतनूविलासुडै ॥

अन्धेन्दूदयमुल् महाबधिरशङ्खारावमुल् मूकसत्ग्र-
न्थाध्यापनमुल् नपुंसकवधूकांक्षल् कृतघ्नावली-
बन्धुत्वंबुलु भस्महव्यमुलु लुब्धद्रव्यसंकाशमुल् क्रोडसत्
गन्धंबुलु हरिभक्तिवर्जितुल रिक्तव्यर्थसंसारमुल् ॥

śāradanīradendughanasārapaṭīramarālamallikā-
hāratuṣāraphena rajatācalakāśaphaṇīśakundama-
ndārasudhāpayodhisitatāmara sāmaravāhinī śubhā-
kāratanoppu ninnu madi gānaganennaḍu galgu bhāratī ॥

aṭa jani kāñce bhūmisurū ḍambarcumbi śiraḥsarajjhari-
paṭalamuhurmuhurluṭhadabhaṅga taraṅgamṛdaṅganiḥsvana-
sphuṭanaṭanānukūlapariphullakalāpakalapijālamun-
kaṭakacaratkareṇukarakapimtasālamu śītaśaimun ॥

āpuri bāyakuṇḍu makarāṅkaśaśāṅkamanojñamurti bhā-
ṣāparośeṣabhogi vividhādhvara nirmalanityakarmadī-
kṣāparatantru ḍaṁburuhagarbhakulābharaṇambanāratā-
dhyāpanatatparuṇḍu pravarākhyu ḍalekhyatanūvilāsuḍai ||

andhendūdayamul mahābadhiraśaṅkhāravamul mūkasatgra-
nthādhyāpanamul napuṁsakavadhūkāṁkṣal kr̥taghnāvalī-
bandhutvaṁbulu bhasmahavyamulu lubdhadravyasaṁkāśamul krodasat
gandhaṁbulu haribhaktivarjitula riktavyarthasaṁsāramul ||

If we continue to cite such instances we may have to place entire Telugu literature in the hands of readers.

It is also worth stating here that in the beginning of major works a few verses are mostly written and dedicated to a deity or person which are usually called *ṣaṣṭhyanta*s (षष्ठ्यन्तs).

In the verses given hereunder the suffixes *ki* and *ku* denote the case of *ṣaṣṭhī* (षष्ठी). Except these two suffixes we may watch that the rest of the stems are all Sanskrit stems. *Ṣaṣṭhyanta*s (षष्ठ्यन्तs) from *Śrīmad Āndhra Mahā Bhāgavata* by Bammera Potana:

हारिकि नन्दगोकुलविहारिकि जक्रसमीरदैत्यसं-
हारिकि भक्तदुःखपरिहारिकि गोपनितम्बिनीमनो-
हारिकि दुष्टसम्पदपहारिकि घोषकुटीपयोघृता-
हारिकि बालकग्रहमहासुरदुर्वनिताप्रहारिकिन् ॥

शीलिकि नीतिशालिकि वशीकृतशूलिकि बाणहस्तनि-
र्मूलिकि घोरनीरदविमुक्तशिलाहतगोपिका-
पालिकि वर्णधर्मपरिपालिकि नर्जुनभूजयुग्मस-
चालिकि मालिकिन् विपुलचक्रनिरुद्धमरीचिमालिकिन् ॥

क्षन्तुकु गालियोरगविशालफणोपरिनर्तनक्रिया-
रन्तकु नुल्लसन्मगधराजचतुर्विधघोरवाहिनी-

हन्तकु निन्द्रनन्दननियन्तकु सर्वचराचरावली-
मन्तकु निर्जितेन्द्रियसमञ्चित भक्तजनानुगन्तकुन् ॥

न्यायिकि भूसुरेन्द्रमृतनन्दनदायिकि रुक्मिणीमन-
स्स्थायिकि भूतसम्मदविधायिकि साधुजनानुरागस-
धायिकि बीतवस्त्रपरिधायिकि वदनभवाण्ड भाण्डनि-
र्मायिकि गोपिकानिवहमन्दिरयायिकि शेषशायिकिन् ॥

hāriki nandagokulavihāriki jakrasamīradaityasaṁ
hāriki bhaktaduḥkhaparihāriki gopanitambinīmano-
hāriki duṣṭasampadaphāriki ghoṣakuṭīpayoghṛtā-
hāriki bālakagrahamahāsuradurvanitāprahārikin ॥

śīliki nītiśāliki vaśīkṛtaśūliki bāṇahastani-
rmūliki ghoranīradavimuktaśilāhatagopagopikā-
pāliki varṇadharmaparipāliki narjunabhūjayugmas-
cāliki mālikin vipulacakraniruddhamarīcimālikin ॥

kṣantaku gāliyoragaviśālaphaṇoparinartanakriyā-
rantaku nullasanmagadharājacaturvidhaghoravāhinī-
hantaku nindranandananiyantaku sarvacarācarāvalī-
mantaku nirjitendriyasamañcita bhaktajanānugantakun ॥

nyāyiki bhūsurendramṛtanandanadāyiki rukmiṇīmana-
ssthāyiki bhūtasammadavidhāyiki sādhujanānurāgasa-
dhāyiki bītavastraparidhāyiki vadanabhavāṇḍabhāṇḍani-
rmāyiki gopikānivahamandirayāyiki śeṣaśāyikin ॥

6. Use of Rare Sanskrit Words in a Very Rare Sense

श्रीविद्युत्कलिकाजवञ्जवमहाजीमूतपापांबुधा-
रावेगंबुन मन्मनोऽब्जसमुदीर्णत्वंबु गोल्पोयितिन् ।
देवा! नी करुणाशरत्समयमिंते चालु चिद्भावना-
सेवंदामरतंपरै मनियेदन् श्रीकालहस्तीश्वरा ॥

śrīvidyutkalikājavañjavamahājīmūtapāpāṁbudhā-
rāvegaṁbuna manmano'bjasamudīrṇatvaṁbu golpoyitin ।

devā! nī karuṇāśaratsamayaṁmite cālu cidbhāvanā-
sevaṁdāmarataṁparai maniyedan śrīkālahastīśvarā ॥

Here the word *ājavaṁjava* (आजवंजव) is used in the sense of *saṁsāra* (संसार) or cycle of births and deaths. It should be noted that this particular Sanskrit word has not been seen used in this sense in any of the well known Sanskrit literary works. Similarly the word *āmuṣyāyaṇa* (आमुष्यायण) is frequently used in the sense of a great scholar. This usage is also not seen in Sanskrit works. The word *yamunādgaṅga* (यमुनाद्गङ्ग) is used in the sense of Gaṅgā behaving like Yamunā. Whereas forms like *yamunīyati* (यमुनीयति), etc. are used in Sanskrit in the above sense, the use of *yamunādgaṅga* (यमुनाद्गङ्ग) is apparently not seen. *āmuktamālyadā* (आमुक्तमाल्यदा) is the title of a Telugu work written by the King *Kṛṣṇadevarāya* (कृष्णदेवराय) of Vijayanagara Empire. Here the word *āmukta* (आमुक्त) means "that which has been worn." This word in this particular sense is a rare usage in Sanskrit, whereas it is the part of the title of a popular work in Telugu.

Several instances of rare Sanskrit usages are seen more in Telugu works than in Sanskrit itself:

मृदरीतिं ब्रतिवासरबुं "गमिकर्मीभूतनानानदी-
नदकान्तारपुरीशिल्लोच्चयुडनै" नैकाद्भुतश्रीजित-
त्रिदिवंबैन विदर्भदेशमुन नारींरत्नमुं गाञ्चितिन्
"सदसत्संशयगोचरोदरि" शरत्सम्पूर्णचन्द्राननन् ॥

कमलेन्दीवरषण्डमण्डित लसत्कासारसेवारतिन्
"गमिकर्मीकृतनैदनीवृतुडनै" कंटिन् विदर्भंबुनन्
रमणिं बल्लवपाणि बद्मनयनन् राकेन्दुबिम्बाननन्
समपीनस्तनि "नस्तिनास्तिविचिकित्साहेतुशातोदरिन्" ॥

mṛdarītiṁ brativāsaraṁbu "gamikarmībhūtanānānadī-
nadakāntārapurīśilloccayuḍanai" naikādbhūtaśrījita-

tridivaṁbaina vidarbhadeśamuna nārīṁratnamuṁ gāñcitin-
"sadasatsaṁśayagocarodari" śaratsampūrṇacandrānanan ||

kamalendīvaraṣaṇḍamaṇḍita lasatkāsārasevāratin
"gamikarmīkr̥tanaidanīvr̥tuḍanai" kaṅṭin vidarbhaṁbunan
ramaṇiṁ ballavapāṇi badmanayanan rākendubimbānanan
samapīnastani "nastināstivicikitsāhetuśātodarin" ||

Here the words *gamikarmībhūta* (गमिकर्मीभूत) and *gamikarmīkr̥ta* (गमिकर्मीकृत) are rare uses because the root *gam* (गम्) is denoted by *stipanirdeśa* (स्तिपानिर्देश) namely, *gamiḥ* (गमिः) which according to Pāṇinian tradition refers to the verb perse. *Gamikarmībhūta* (गमिकर्मीभूत) and *gamikarmīkr̥ta* (गमिकर्मीकृत) express the sense of wandering to various places because *gamiḥ* (गमिः) stands for root *gam* (गम्) which means to go, *karma* (कर्म) stands for the objective places, *cvi* (च्वि) suffix stands for accomplishing the activity or job. We may also note the charm of Sanskrit expressions of *sadasatsaṁśayagocarodari* (सदसत्संशयगोचरोदरि) and *asti-nāsti-vicikitsāhetu-śātodari* (अस्ति-नास्ति-विचिकित्साहेतु-शातोदरि) which stand as examples to cite the ease and facility with which Telugu poets handled the Sanskrit phrases.

7. Employing Various Kinds of Literary Activities such as Aṣṭāvadhāna, Śatāvadhāna, Sahasrāvadhāna, etc.

It is one of the distinctive characteristic of Telugu poets that they play a poetic game, namely, *aṣṭāvadhānam* (अष्टावधानम्), *śatāvadhānam* (शतावधानम्), *sahasrāvadhānam* (सहस्रावधानम्), etc. It is a very lengthy and difficult process in which a poet will compose poetic replies to eight, hundred and thousand questions simultaneously. The questions range from negation of each individual letter to giving letters from stanza in a disorderly manner compelling the *avadhānī* to put them in order. It is one of the wonders of Indian literary tradition not seen in any other modern Indian language except in Telugu. In the process, the *avadhānī* or answering poet depends heavily on his capacity of using and twisting of Sanskrit words.

I shall only give one or two *dattapadī*s where four irrelevant words will be given to the *avadhānī* prescribing to fix them in a particular meter and in a particular sense. Here, in the illustration given below, four names of stars, namely, Aśvanī, Bharaṇī, Kṛttikā and Rohiṇī are given to fix them in the meter *mattebhaṁ* (मत्तेभं) in the form of a report given by Dharmarāja to Arjuna after his insult in the hands of Karṇa. Now look into the completion:

रणरङ्गम्मुन नश्वनीरसत, कर्णप्रोढशस्त्रास्त्रदा-
रुणपातम्मु विषोरगाभरणितारूढोक्ति येमन्दुरा!
व्रणरक्तार्द्र मदीय कृत्तिक गनन् वच्चुन् गिरीटी! यटं
चणपन्रानिशुगुद्धतिन् बलिके दज्ज्यारोहिणीभर्तयुन् ।

raṇaraṅgammuna naśvanīrasata, karṇapraudhaśastrāstradā-
ruṇapātammu viṣoragābharaṇitārūḍhokti yemandurā!
vraṇaraktārdra madīya kṛttika ganan vaccun girīṭī! yaṭaṁ
caṇapanrāniśuguddhatin balike dajjyārohiṇībhartayun ॥

Here, word *aśvanī* (अश्वनी) made as a part of *aśva-nīrasata* (अश्वनीरसत), *bharaṇi* (भरणि) as part of *viṣorgābharaṇitārūḍhokti* (विषोरगाभरणितारूढोक्ति), *kṛttika* (कृत्तिक) as part of *madīya-kṛttika* (मदीय-कृत्तिक) and *tat-jyā-rohiṇī bhartaḥ* (तत्ज्यारोहिणी भर्तः).

Elsewhere four names of modern Indian locations, namely, *āgrā*, (आग्रा) *madrāsu* (मद्रासु), *ḍilli* (डिल्लि), and *maisūrū* (मैसूरू) are given to fix them in *śārdūlavikrīḍitam* (शार्दूलविक्रीडितम्) in the sense of *Mahābhārata* episode.

Avadhānī fixed *āgrā* (आग्रा), in a phrase *ā-grāma-praja* (आ-ग्राम-प्रज) and *madrāsu* (मद्रासु), in a compound *piśita+vyasta+asthimat+rāsalu* (पिशित+व्यस्त +अस्थिमत्+रासलु) and brought out the episode of the *Mahābhārata*.

आ ग्रामप्रज गाच्चुपोंटे बिशितव्यस्तास्थिमद्रासु लें
ते ग्रालन् बकुडुन्न चोटिदरिगेन् भीमुण्डु, वा डिल्लिदे ।

व्यग्रास्मद्क्षुधदीर्परम्मन ग्रुधाहॅकारतन् दैत्यु व-
क्षोग्रंबेविक वधिंचे पाण्डवुल्दा<u>मै सूरु</u> लग्गिंम्पगन् ॥

<u>ā grā</u>mapraja gācuponṭe biśitavyastāsthi<u>madrāsu</u> leṅ
te grālan bakuḍunna coṭikarigen bhīmuṇḍu, vā <u>ḍillide</u> ।
vyagrāsmadkṣudhadīrparammana grudhāhaṁkāratan daityu va-
kṣograṁbekki vadhiṁce pāṇḍavuladā<u>mai sūru</u> laggiṁpagan ॥

8. Employing *chanda*=Prosody (छन्द) and *alaṁkāra* (अलङ्कार) poetic embellishments of Sanskrit

The *chandas* (छन्दस्), of *piṅgala* (पिङ्गल) and texts like *Vṛttaratnākara* (वृत्तरत्नाकर), have been adopted in Telugu through their translation *in toto*. If we closely observe into the Telugu poetic literature, examples of all the metres which have been dealt with by the Sanskrit poets are traceable in Telugu. The Telugu people have evolved a *deśī* metre, namely, *kandamu* (कन्दमु), which is very close to and more difficult than *āryā chandas* (छन्दस्) of Sanskrit. It addition to the vast varieties of Sanskrit metres, great numbers of *deśī* metres like *sīsamu* (सीसमु), *āṭaveladi* (आटवेलदि), *teṭagīti* (तेटगीति), and *madhyākkara* (मध्याक्कर), etc. have been added to the list of metres by the Telugu writers. Thus, Telugu writers have more varieties of metres than Sanskrit writers. However there is a distinction. The Sanskrit writers usually prefer shorter metres consistently throughout *mahākāvyas*. Whereas Telugu people have shown their preference towards larger metres such as *śārdūlavikrīḍitam* (शार्दूलविक्रीडितम्), *mattebham* (मत्तेभम्), *utpalamālā* (उत्पलमाला), *campakamālā* (चम्पकमाला), *sragdharā* (स्रग्धरा), *sīsamu* (सीसमु), etc. The *kandamu* (कन्दमु), which is a shorter metre is equivalent in use to the *anuṣṭup* (अनुष्टुप्), in Sanskrit. While all the rules, prescription of *gaṇas* are adopted from Sanskrit prosody, Telugu people have made handling the metres more difficult by introducing two distinct phenomenon into both "Sanskrit" and *deśī* metres.

(i) In Telugu writing second letter of each *pāda* has to be the same where as no such prescription is there in Sanskrit writing. This is called *dvitīyākṣaraprāsaḥ* (द्वितीयाक्षरप्रासः) in Telugu. In all the verses quoted above it is clearly observable, the second letter of each *pāda* remains to be the same. This principle has added greater difficulty in handling the metres.

(ii) In Sanskrit *yati* is defined as *viccheda* (विच्छेद) meaning that either case ended word or stem should completely break at the appointed number. Whereas Telugu writers have further improved this principle by adding the concept of *yati maitrī* (यति मैत्री). According to this principle there is no need to break the word at the appointed number but the letter in the appointed number should be in matching with the first letter of every *pāda* (पाद). For Example *tretādvāparasandhiḥ* (त्रेताद्वापरसन्धि), etc. In this verse of *śārdūlavikrīḍitam* (शार्दूलविक्रीडितम्) thirteenth letter matches with the first letter in all the four *pāda*s as *ta* (त), with *da* (द), *mū* (मू), with *mu* (मु), *prī* (प्री), with *peṅ* (पें), *rghā* (र्घा), with *kṣa* (क्ष), Telugu prosody has specified the principle of *yati maitrī* (यति मैत्री), in an elaborate way.

(iii) Telugu prosody has dispensed with the principle of complete break of word at the end of second "पाद" (*pāda*) which is in vogue in Sanskrit. This has facilitated Telugu writers to continue long-long compounds sometimes for full length of a verse.

All these emendations of Sanskrit prosodies have contributed immensely to improve the charm of poetry in Telugu. A scholar who is well-versed in both the languages will surely agree that Telugu poetry is no less charmful and varied than Sanskrit poetry.

8

Sanskrit and Gujarati Literature
With Special Reference to Kālidāsa

Rajendra I. Nanavati

MEDIEVAL Gujarati poets were in contact with various branches of Sanskrit literature. Premanand (17th cent., second half) draws upon Purāṇic lore, Shāmal (18th cent.) brought in popular romantic tales of folk literature, Akho (17th cent., first half) was intimately acquainted with Vedāntic philosophy, Narasiṁha Mehta (15th cent.) actually imitated Jayadeva's *Gīta-Govinda*. Mīrā (16th cent. first half) and Dayārām (1777–1853 CE) stood in the tradition of Vaiṣṇavite devotional literature. But classical Sanskrit literature shows its clear impact upon Gujarati literature only in the mid-nineteenth century after university education in India brings in a kind of renaissance in Indian life and ushers the modern age in the literatures of our regional languages. The revival of interest in the classical Sanskrit works makes the Gujarati writers study them (albeit from the Western critical point of view), translate them, receive their impressions and be inspired by them. Thus, the pioneers of modern Gujarati literature work under two influences — one, of the university education and Western literary models and criteria, and two, to a lesser extent, of the regional literary traditions and classical Sanskrit models.

Ṛtu-Saṁhāra

This is to be seen in the works of pioneer Gujarati littérateur Narmad (1833–1886 CE). He introduced many new literary forms after the Western models. But in the foot-note to his poem *Ṛtu-Varṇana* he remarks that before writing that poem he had seen the small *Ṛtu-Saṁhāra* (*ṚS*) of Kālidāsa and the large "Seasons" of Thomson. The regional traditions of *Bār-māsī* or *Bārahmāsā* may also have been at the back of his mind. His erotic descriptions are more detailed, revealing some knowledge of *Kāma-Śāstra* rather than suggestively emotional as in Kālidāsa; yet the lover's viewpoint in the descriptions, the beginning of the seasons with summer (*grīṣma*), the echo of Kālidāsa's lines like *dināntaramyaḥ* (दिनान्तरम्यः), etc. in lines like *dinānta lāṁbā raliyāmāṇā re* (दिनान्त लांबा रलियामणा रे), and, above all, the very title *Ṛtu-Varṇana* — all these testify to Kālidāsa's influence being stronger than the other one in this particular case.

Narmad's contemporary Dalapatrām (1820–1898 CE) also imitates him and writes the descriptions of seasons. But that is not under Kālidāsa's influence. In fact, seasons and seasonal beauties of nature constitute one of the major subjects of poetry of any language and even in Gujarati there are numberless poems describing collectively or severally the seasonal beauties. But it is hardly possible to show a direct influence of *ṚS* upon them.

The first five attempts at translating *ṚS* in Gujarati are free as to their metrical forms. The earliest two of them are in the loosely mātrik *deśī* metres, the third is entirely in *mandākrāntā*, the fourth is only partially *sama-ślokī*, i.e. attempting a verse-to-verse translation in the same metres as those of the original. In the fifth, its translator Tribhuvan Vyās (1888–1975 CE), who is himself a good poet in his own right, has invented a new metre of six lines with 16, 15, 16, 15, 14, 14 *mātrās* for the purpose and called it "Tribhuvan" metre.

Translations — Meghadūta

Talking of translations, Sundaram (née Luhar Tribhuvandas P., 1908–1991) said in 1953 that the greatest number of poems to be translated into Gujarati are from Sanskrit. Of the Sanskrit poets, naturally, Kālidāsa holds the greatest attention, and among his seven works *Śakuntalām* and *Meghadūta* have commanded the greatest number of translations. There have been at least six attempts at Gujarati translations of *Ṛtu-Saṁhāra,* twenty-seven of *Meghadūta* (*MD*), three of *Kumārasambhava* (*KS*), five of *Raghuvaṁśa* (*RV*), three of *Mālavikāgnimitra* (*MA*), six of *Vikramorvaśīya* (*VU*) and ten of *Śakuntalam* (*AŚ*). Dealing with all or even most of them would require a volume. In fact, Dr R.N. Pandya has studied them in his PhD thesis "Kālidāsa in Gujarati". Here we must rest content with only a broad survey with passing remarks upon the most prominent attempts made in this direction.

In the beginning of the modern phase of Gujarati literature, when our acquaintance with Sanskrit classics was rather fresh, our littérateurs were conscious of the differences of the linguistic and poetic traditions of Sanskrit and Gujarati. Sanskrit poetry had literary forms like *mahākāvya, khaṇḍakāvya,* etc. It had a tradition of metrical forms having strong and fixed syllabic values. The language was highly inflexional, therefore, enjoying complete freedom in the matter of word-order, yet it was closely-knit on account of the facility of compounds. Gujarati poetry, on the other hand, had literary forms like *ākhyānas*, *padas*, etc. and loosely *mātrik deśī* rhythms, besides a non-inflexional tendency imposing some limitations as to word-order and a looseness on account of a general absence of compounds. If, therefore, Sanskrit poetry should be translated successfully into Gujarati, it must change its appearance to suit the age and locale of Gujarati poetry. The pioneer littérateurs of Gujarati, therefore, rendered Sanskrit poems and even verses in the Sanskrit dramas into *deśī* rhythms and *mātrik* metres. Navalrām, another important contemporary of Narmad, created a new *mātrik* metre called *megha* by combining the Gujarati *savaiyā* and Marathi *lāvaṇī* and translated *MD* in that metre (1886), because, he said, "the regional metrical styles have tenderness, but not dignity." He also added in the beginning a *maṅgala* and the story of the *yakṣa* to make the poem more intelligible with regard to its narrative aspect. The translation — rather the rendering — is faithful, but the hero, in effect, comes out as a fatalist which may be called a major drawback. Even as late as in the 1930s and 1940s, Keshav Harshad Dhruv and Manharram Mehta re-create the poem in the traditional *ākhyāna* form; the latter actually calls it *yakṣākhyāna,* and adds a *phalaśruti* as well as his personal information in the end, which are so characteristic of the *ākhyāna* form.

But almost simultaneously, other scholars like Bhimrao Bholanath Divetia (1879) attempted a *sama-ślokī* translation of *MD,* and this mode has eventually become more popular as having greater poetic appeal. The mode is adopted in as many as 17 out of 27 translations, which include the most significant attempts of "Vihāri" (1908), Kilabhai Ghanshyam Bhatt (1913), Nānālāl Kavi (1917), Jayant Pandya (1968) and Pujalal (1980). Vihārī's translation, according to Sundaram is "most free from the faults of clumsiness, vulgarity, worthless expansion and metrical irregularities, is most cogent and lucid." Kilabhai's translation with a learned preface, copious and scholarly yet lucid notes, and some full colour pictures has been the most popular translation of *MD.* He sincerely attempts at faithfulness, yet the translation is slightly expanded to compensate for the compact compounded expressions of the original. The rendering reveals a literary flair and a deep understanding of the original. In this writer's opinion, his is the best translation made so far. Nānālāl was himself a very great poet, but the idiosyncracies of his personal style have coloured his translation, and the metrical irregularities again and again disturb our enjoyment of the poem. Even as to the meaning, the rendering is not always faithful and it generally fails to please as to its beauty, diction or sentiments. The rest of the attempts show more eagerness than skill at translating the great small poem.

It is but natural that *MD* should command such an incomparable attraction and a constantly tantalizing challenge at translating it by reasons of its poetic beauty, compactness of form, brevity and untranslatable diction. But it has also inspired a few independent poems. *Candra-dūta* of Mansukhlal Zaveri is also in the tradition of Sanskrit *Dūta-Kāvya*s. In it, a Yādava, in separation and compelled to stay in the eastern parts of the country, requests the rising moon to take his message to his beloved at Dwārakā, the westernmost town of India. The poem in 101 smooth verses in *mandākrāntā* metre and delightful diction describes the East-West path the moon is naturally going to traverse. Descriptions of Himālayas, Kailāsa, Gaṅgā-Yamunā, Ujjayinī, Narmadā do find place, but the poet is partial to Saurāṣṭra, particularly Jamnagar, his native town. Finally, of course the Golden Dwārakā, the Yādava's residence in it, his beloved and his message all follow after the model of *MD.* In the end, the Yādava says:

> O moon! looking to your sweet and deep silence, I think you have paid attention to my work; just similarly you sprinkle nectar upon the *cakora*-bird without saying anything; the large-hearted ones give seekers their wishes without speaking about it.

There are many nice portraits:

> He saw the fine moon, shining upon the world, like the element of love, making lovers anxious, near the horizon in the eastern sky where the beautiful sky and earth are sleeping since the prime ages, having joined their limbs.
>
> You, beloved lord of the Night! shine; having donned today a beautiful saffron dress, and with a *kastūrī-tilaka* on your forehead, with the cluster of stars, you will appear like Lord Kṛṣṇa, who has become bright, having had dalliance with Rādhā.

The country of Saurāṣṭra is described thus:

> With a beautiful blue *sāṛī,* with a lovely pattern of flowers, and with the jingling girdle of the pearls of sea with fine rivulets like pearl-strings on her heart, the lady in the form of Saurāṣṭra country looks very beautiful.

And Jamnagar:

> The feudal state of Jam, having a shelter of the line of the famous Yadus, appears shining like a full-blown lotus on the shores of ocean. That city of Jam will extend a joyous welcome to you with the fragrance of fresh blown *ḍolara* flowers.

The forest nearby:

> In the deep forests of which roar — with deep rumbling sounds like the thunder of clouds — the lions with looming manes, shaking their dignified heads and sharp as fire, shaking the earth, moving alone and fearless in a halo of pride.

The poem ends with a wish:

> May you not be separated from your moonlight even for a moment.

Alaka (1981) by Mukundray V. Parasharya is another important poem of 123 *mandākrāntā* verses inspired by *MD*. In the preface as well as the small essay appended to the poem, the author asserts that the *yakṣa* of *MD* is indeed love-struck but not an eroto-maniac. Even in this state of mind, he still has an eye for beauty and a sympathetic and devotional heart. His vision is still sensitive to many-a-erotic beauties like the cloud with rainbow attaining the beauty of Kṛṣṇa donning peacock-feather, or the evening worship of Mahākāla, or the cloud transforming itself into steps for Śiva and Pārvatī and so on. Intense love which is at the root of his strong *kāma* makes it selfless, auspicious, non-opposed to *dharma*. Kālidāsa, while arousing and gratifying our instincts of marital carnality through the medium of *yakṣa*, also inspires our sensitivity towards pure beauty and graceful sentiments. It is this meta-corporeal aspect of love which Parasharya sees in *MD* and which he seeks to depict by creating another version, as it were, of the theme of *MD* in this poem. The poem moves much on the same line as *MD*. It opens with some fine pictures of cloud and Rāmagiri, Daṇḍaka and Godāvarī, and *āraṇyaka-vrata* and *sad-gṛhastha-pravṛtti* of Rāma-Sītā. The poet says:

> My instincts which are tied down to the gross in a gross form, yet are not ever quelled either by enjoyment or in separation, soar, at your dignified sight, to fly with you like swans. (16)
>
> O cloud! the support of the *cātaka*-bird! I, helpless and burnt by long and piercing separation, do not see anything in the world that would unite me, in the path of my life, with my beloved; if you are the renowned messenger of all the lovers of the world in separation, pray, carry my message too, O friend! (17)

This sets the mould and the finale of the poem. The author seeks to communicate some message to his "beloved wife" who is no more. Thus, he also is a *yakṣa*, but with a difference. The poet requests the cloud to carry *yakṣa*'s message to his beloved wife first, and describes the path from Rāmagiri to Alaka, then *yakṣa*'s residence, his beloved and the message (up to verse 97).

The poet has suggested a diversion in the path from Revā to Saurāṣṭra, his native country, which he describes with natural partiality in thirteen verses (28-40) giving some fine original pictures of the peaceful life of a contented Hindu family.

> Seeing you (O cloud!) looming unexpectedly before evening, the elders of the family will cause the household chores to be finished soon and actively out of affection yet remaining ignorant as it were, they will cause the newly married couple to be united in their much desired union.
>
> You (O cloud !) will be fortunate to witness in the soft light of the flickering wick of the evening *dīpa,* the silent prayers of the house-lady bowing before god with tears in her eyes for the welfare of her family.

Significant also is the picture of a *brāhmaṇa* couple:

> Some twice-born couple, observing a vow, and presenting at the feet of the destroyer of Smara with devotion those flowers which, you so ardently cause to bloom forth for love-beds, and which, familiar in *dāmpatya,* inspire more intense longing in the rainy season, achieve a restraint upon desires.

Then the cloud should move to Ujjain and upward, on his path. For this part, the poet takes much of his poetic material from *MD* itself as often also from *Śrīmad-Bhāgavata,* and here and there from other classical works like *KS, VU, Uttara-rāma-carita, Amaruśataka,* etc. The *MD* verses included here have found their best Gujarati renderings so far — slightly free yet often almost as rich in their poetic diction as the original. For example, the verse दीर्घीकुर्वन् पटु मदकलं (*dīrghīkurvan paṭu madakalaṁ*), etc. is rendered thus:

लंबातां ज्यां पटु मदकले कूजनो सारसोनां।
प्रातः पद्मो तणी सुरभिना वींझणा ढोळतो ज्यां;
मुग्ध स्त्रीनी हरी लई रतिग्लानि अंगानुकूल
शिप्रावात प्रिय सम वहे प्रार्थनाचाटुकार॥ (46)

laṁbātāṁ jyāṁ paṭu madakale kūjano sārasonāṁ ।
prātaḥ padmo taṇī surabhinā vīñjhaṇā ḍhoḷato jyāṁ;
mugdha strīnī harī laī ratiglāni aṅgānukūla
śiprāvāta priya sama vahe prārthanācāṭukāra ॥ (46)

Or, तस्याः पातुं सुरगज इव (*tasyāḥ pātuṁ suragaja iva*), etc. — is rendered thus:

लंबाईने सुरगज समो व्योमथी तुं नमी त्यां,
पीशे स्वच्छ स्फटिक सम जो नीर भागीरथीनां।
श्यामच्छाया विशद सरमां एकरूपे छवाशे।
शुं अस्थाने मळती यमुना। एम गंगा सुहाशे॥ (64)

laṁbāīne suragaja samo vyomathī tuṁ namī tyāṁ,
pīśe svaccha sphaṭika sama jo nīra bhāgīrathīnāṁ ।
śyāmacchāyā viśada saramāṁ ekarūpe chavaśe
śuṁ asthāne maḷatī yamunā । *ema gaṅgā suhāśe* ॥ (64)

Or, again, पादानिन्दोरमृतशिशिराञ् (*pādānindoramṛtaśiśirāñ*) — is rendered thus:

जाळीमार्गे अमृत झरता चन्द्रना दर्शनार्थे,
पूर्वस्नेहे प्रियस्मृति भरी दृष्टि फेंके न फेंके।
त्यां तो खेदे सजल फरके पक्ष्म पर्युत्सुकानी,
मेघे छाई ज्यम कमलिनी ना खीली ना विलाई॥ (89)

jaḷīmārge amṛta jharatā candranā darśanārthe,
pūrvasnehe priyasmṛti bharī dṛṣṭi pheṅke na pheṅke ।
tyāni to khede sajala pharake pakṣma paryutsukānī,
meghe chāī jyama kamalinī nā khīlī nā vilāī ॥ (89)

But when, after describing fully the *yakṣa*'s task, it comes to describing his own message and the cloud's onward path, the poet, at the sight of the beautiful form of the cloud, painfully suffers the failure of his mortal memory. "How should he describe their abode? Why does he forget her form? What is that unimaginable constant inherent in all these flowing forms? How can the Highest Śiva be realized from these beautiful objects? O ! Where art thou? What curse is this that I forgot my pristine Alaka? O Āyuṣman, if you are familiar with that region, tell me where, in which direction, is the path? Where is my Alaka? Why are you silent? O ! You too are in the same state as I am. Neither is omniscient. Why are you shedding tears? Forgive me, in eagerness, I made an indiscreet request. You are rumbling? Asking leave? Wish you best, friend ! You would go to Alaka, the city of the lord of *yakṣa*. I have no knowledge of the course or direction or destination of mine ! Fare thee well, and may you not suffer even for a moment विद्युता विप्रयोगः (*vidyutā viprayogaḥ*)".

The mundane theme of *MD*, thus taken to a supra-mundane level, lends a unique charm to this poem.

Epics

Of the epic *Kumārasambhava*, there are only three complete translations; those of Manishankar Bhatt and Gautam Patel in prose and that of Nagardas Pandya *sama-ślokī*. Stray cantos and portions are also translated; particularly popular is the portion of *Rativilāpa*. *Raghuvaṁśa* has commanded five complete translations; four *sama-ślokī* and one in prose. Of the stray cantos, canto VIII has been translated again and again; particularly the portion of *Aja-vilāpa* mostly in the *sama-ślokī* manner. The complete translations of Nagardas Pandya and Charturbhai Patel are good so far as they go. But we had more hopes from the translation by Prajaram Raval, who is himself a noted poet. But his diction is rather uneasy and studied, not lucid; also he does not show any critical sense in his selection of variants. Jayanta Acharya's translation is generally more lucid and dignified for which he frequently resorts to *sāmāsika* and Sanskritized diction though at a few places he succumbs to Saurashtrian-folk-usages leaving the reader uneasy.

There are not many attempts at translating the entire epics. The reason is obvious. Such translations require a sustained effort; and even then, the verbal figures of speech like *Śleṣa* (paranomasia) and *Yamaka* (alliteration), which are so nicely employed by Kālidāsa, are generally missed in their Gujarati translations. It is also too much to ask for the stylistic niceties of Kālidāsa's "adequate expression" to be translated into Gujarati.

Plays — Complete

The plays are translated relatively less often, but offer a greater variety of transformations. The two noted littérateurs — Padmaśrī Keshavram Kashiram Shastri, a great scholar of Vallabha-Vedānta, and the late Prof. Balvantray Kalyanray Thakar, a very important Gujarati poet-critic of the first half of last century — have both translated all the three plays of Kālidāsa. Shastri translates them in rather colloquial prose which is not much approved of. Thakor did his translations in the *sama-ślokī* manner but his personal characteristic of ruggedness of diction and style is often reflected in his translations, which are otherwise accurate, bear a stamp of scholarship in regard to selection of variants and are accompanied by learned, copious — often enlightening — notes, significantly called *mananikā.*

Vikramorvaśīya

We also have two good *sama-ślokī* translations of *Vikramorvaśīya*, one by Kilabhai Ghanashyam, the most famous translator of *MD* and another by Keshav Harshad Dhruv, the gifted translator-scholar, whose beautiful translation of *Gīta-Govinda* is considered to be almost as good as the original and is said to be a lasting achievement of Gujarati poetry. Dhruv's translation, which he continuously revised, was very popular and ran into six editions during the years 1906 to 1923. He includes the *prakrit gāthās* of the fourth Act. Another poet and playwright — Indulal Gandhi — has given a free and rather abridged prose rendering of the play with modernistic touches in dialogues, presumably for staging purposes. Narayan Hemchandra has narrated in prose the story of the play in full details.

Of the two earlier plays of Kālidāsa, *MA* is more dramatic and compact in form, yet its frivolous theme and clearly historical background seem to have exercised lesser appeal. *VU*, on the other hand, is more poetic and rather loosely constructed; yet the mythical nature of its theme yields greater possibilities of interpretations and re-creative adaptations. The epic effort *Urvaśī* by Dinkarji in Hindi is well known. In Gujarati, we have two efforts similar in nature though not in achievement. *Urvaśī* (1933/35) by Durgesh Shukla is an early attempt to create a small verse-play in three Acts on the mythical theme. *Urvaśī* feels irresistibly attracted towards human love and leaves the ocean-house of her father Varuṇa to come to the mortal world to join Purūravas but eventually returns at the call of the ocean. The poem is an early attempt also at creating dramatic running verse, but the theme has hardly anything in common with Kālidāsa. Jashvant Thakar's narrative poem *Urvaśī* (1959) in 4 cantos is a more sustained effort to re-create the Urvaśī-theme so as to inform the

Aurobindonian philosophy. Purūravas releases Urvaśī from the hands of Keśī Dānava and wins her love, but Menakā takes her back to the heavens (I). Urvaśī, then, engrossed in thoughts of love, commits the slip of tongue, and cursed, she goes to Badarikeśvara. Purūravas, also in a similar condition, is roaming, and reaches Badarikeśvara. Tilottamā unites the lovers, but warns Purūravas not to be seen nude by Urvaśī (II). But the gods, uneasy without Urvaśī, slyly manage to show the king uncovered and bring Urvaśī back. Much grieved, the king consecrates prince Āyuṣ on the throne (III) and goes to Himālayas where, reciting and meditating upon the name of his beloved, he first obtains the vision of Ilā (his own mother) and then of Aditi, the Mother Divine, who offers him nectar and transforms his corporeal frame into divinity. In that state he experiences Urvaśī as the Supreme Self within (IV). The poetic achievements of the poem may not be of a very high order, but the poem offers an interesting version of the ancient myth symbolizing the various levels and their interactions of the human conjugal instinct — the divine descending upon the human, and the human separated from the divine struggling restlessly till it itself becomes divine.

Śakuntalam

The translations of *Abhijñāna-Śakuntalam,* offer an interesting comparison of their authors' abilities, reveal a developing sense of ideal translation as also a growing awareness of its difficulties. They also reflect the vicissitudes of the Gujarati stage. Many of the early translations of Kālidāsa's plays have, in fact, kept the stage in view and introduced a number of changes in their Gujarati versions to suit the needs and taste of the contemporary Gujarati stage. Ranchhodbhai Udayram's translations of *MA* (1870) and *VU* (1868), for example, divide the Acts into scenes for staging facilities and render the verses freely into *deśī* metres which can easily be set to music. The first translation of *AŚ* by Khakkhar (1864) is from the Marāṭhī stage-version of the play. Narmad also drops some portions in his translation of *AŚ* (1881) to suit the needs of the stage. Around the turn of the twentieth century, the play for professional stage and the literary play somehow seem to drift apart and we have in that century three versions of the play prepared expressly for the purpose of being presented on the professional Gujarati stage; *Mudrā-Pratāpa* (1915, pub. 1958) by Fulchand Zaverbhai Shah, *Kāmalatā* (?) anonymous, *Sneha-Mudrā* (1926) by Rasa-kavi Raghunath Brahmabhatt. Whereas, the abridged stage-version of Leena Sarabhai (1986) was prepared for being presented by an amateur theatre group "Javanikā." The first three were successful and popular on the stage. These render the dialogues rather freely, divide Acts into scenes, introduce scenes of comic relief and render verses into songs to be set to music. *Mudrā-Pratāpa* introduced comic scenes of the family life of Chāyā and Śaṅkhadatta, skilfully interwove them into the original plot, and had as many as 60 songs! A veritable "musical extravaganza!" *Kāmalatā* presented the plot in an atmosphere of a princely state. It was staged by Bombay Gujarati Natak Mandali with the famous Jaishankar "Sundarī" in the role of Kāmalatā. *Sneha-Mudrā* had comic scenes of the family-life of Vidūṣaka Māḍhavya and was staged by Laxmikant Natak Samaj of Bombay. With the advent of the amateur Gujarati stage in the 1950s, some attempts to bridge the gap between the professional and the literary drama were made, and we have two more versions of the play, one from Jashvant Thakar (1961), second from Leena of the famous Sarabhai family of Gujarat (1986). Thakar was a very eminent personality of the modern Gujarati stage. His translation, prepared for staging purposes, follows the original closely but renders the dialogues rather freely, renders verses either in prose or in verse (not necessarily *sama-ślokī*), and indicates by brackets the portions which, while presenting the play, can be dropped without much harm. Leena's abridged version was presented at Ujjain's Kālidāsa Samāroha in 1985 and published in 1986. Here, verses are generally given up (or small verses retained from Chandravadan Mehta's version), and their import is briefly included in running prose in dialogues, but the abridgement is terse and often reminds one of the undue haste in dialogues in the lesser of the plays ascribed to Bhāsa. Such haste often comes in the way of proper development of emotional situations.

Two attempts at adapting the play to suit the needs of modern taste and stage should be noted here. *Śakuntalā-rasadarśana* (1935) of Baṭubhāī Umarvāḍiyā is an interesting effort to set the incidents of the plot of *AŚ* in a contemporary setting. The locales of the play are set in some princely state of pre-Independence India. Kaṇva's hermitage becomes Haridatta Shastri's estate, Mārīca's hermitage is replaced by the *āśrama* of Swāmī Sarvānandjī and Devakī. King Duṣyanta becomes the governor Narendra, who rides a motor-car, and marries Śakuntalā through the Registered form of marriage. Instead the curse of the sage, a head injury due to an accidental fall of the hero from horse-back causes a temporary loss of memory of the recent past in the hero. The foster-father of the heroine knows of her marriage not through some divine agency; he is informed with great tact and persuasion by the two friends of the heroine — Yaśavatī and Madhurī. The author would not allow his heroine to be insulted in the presence of his relatives and aliens (in fact, he has said in his preface that he prefers the outspoken heroine of the *Mahābhārata* to the soft and shy heroine of Kālidāsa). So she does not go to her husband; her friends send (after consulting her, of course), only Śārṅgadhara to know the whereabouts and the mind of the hero. When the hero's disposition is known, the self-respecting heroine, rather than becoming an object of mercy of his near and dear ones, chooses to go away from her father's house and pass into oblivion. Even at the time of reunion, she would not meekly accept the favour of an *āryaputra;* her resentful anger is appeased only after she is told of the loss of memory of her husband caused by the accident. The hero, again, is monogamous. Before meeting Śakuntalā, he had liked one Kumud; but after his memory is restored, he silently allows her to be married to someone else.

The author is aware that he is liable to strong criticism for his approach. Many will strongly disapprove of it. Much of the charm of the romantic atmosphere of the original is lost with the kings and chariots and royal retinues and courts and sages and hermitages gone. But the author was prompted in his effort, he says in the preface, by a desire to contradict those who think that the world of the play — with sages possessing supernatural powers and curses removing and restoring human memory and such other supernatural elements in it — is far removed from us, and to show that it is not impossible to experience the sentiments depicted in the play in today's life. He has successfully shown it. He is not a poet of any high order and the verses he translates and introduces often seem out of place. Yet the changes in the characterizations of the hero and the heroine reveal a perceptive eye. The boldness and novelty of his attempt are praiseworthy.

Śākuntalā or *Kanyā-vidāya* (1949) by the famous Gujarati poet-dramatist Chandravadan Mehta is an excellent versified abridgement of *AŚ* (up to Act V) intended for adolescents of school-going age. It can be read, recited, performed, set to music or staged as a ballet, for which purpose useful suggestions are given at the end of each scene. The metres generally used are *anuṣṭup, triṣṭubh* and *vasantatilakā*. The lines are invariably rhymed in couplets. Its charm lies in its simple, lucid and compact poetic diction. The swiftness and smoothness with which the dialogues move are astonishing. The dramatic quality of the dialogues has been very well brought out. The dialogues and situations are also rearranged at times to achieve a dramatic crescendo of emotions. The adaptation is a very fine example of *Śakuntalā* — verse-play.

An ideal translation of *AŚ* has always remained an elusive ideal. In attempting to achieve it, even the best of poetic talents have risked their reputation. Among those who attempted a literary translation of *AŚ* are such big names as Narmad, Nanalal, Balvantray and Umashankar. Narmad (1881) had the difficulties of pioneers. Nanalal (1926), one of the greatest Gujarati poets, was a lyrical genius and excelled in exuberent expression of lyrical emotions. His violation of metrical rhythms, overemphasized expression and overwhelming emotions are entirely opposed to the restrained classicality of Kālidāsa's poetic genius. On the other hand, the strong individual characteristic of ruggedness of diction in Balvantray (1932) is also equally ill-suited for translating the Kālidāsian balanced expression. These two stalwarts of the Paṇḍit age of Gujarati literature (corresponding roughly to the first quarter of that century) point out — by their great failures, as it were — the pitfalls in attempting to translate *Kālidāsa*.

By far, the best translation of *AŚ* comes from Umashankar Joshi (1955). He combines in his style the rich traditions of the learned Paṇḍit age with the simplicity of Gandhian age (roughly second quarter of twentieth century), and is eminently suited to translate Kālidāsa. He is aware of the difficulties of the task, learns carefully from the great failures of his illustrious predecessors, and sensitively adapts his poetic equipment to the requirements of Kālidāsa's style. He avers that the concentrated compact prose of Kālidāsa's dialogues is often more difficult to translate than his verses. He strikes the golden mean between a literal and a free translation, carefully tries to retain the undertoned suggestivity of the original lines as also to reproduce the soft melody and subtle rhythm of the original diction. If we feel at times that the translation of some portion appears to be rather mechanical, or that a particular verse is more like an exercise in translation rather than a poetic reproduction of the original, we must remember that this is inherent in the very nature of the task itself and in attempting it even the best risk their reputation. Umashankar, however, has stood to his reputation. His illuminating commentary, significantly called *artha-dyotanikā,* elucidates and enlightens many subtle points of beauty in the play; even the introductory essay expounding the central issues of the play is a masterpiece of appreciative criticism. All in all, Umashankar's translation of *AŚ* is not only the best, it sets the high water-mark in the field of literary translations of Sanskrit classics.

Other Efforts — Conclusion

We also find a number of articles in Gujarati on various aspects of the works of Kālidāsa, his influence on this or that work, his message, or comparative studies of the translations of his works and so on. But these need not detain us. We may only mention a few books exclusively devoted to Kālidāsa-studies. *Kālidāsa,* edited by Yashvant Shukla (1959) is a collection of essays written by different scholars on various aspects of Kālidāsa's works. *Mahākavi Kālidāsa* (1982) by Gautam Patel is a collection of stray articles on Kālidāsa by a single author. Its sub-title *A-loka-sāmānya Nibandho* indicates the nature of the articles which, for the most part, are more scholarly, and would interest the scholars rather than the general readers. Prof.

G.C. Jhala's famous introductory monograph *Kālidāsa: A Study* (1943) was translated into Gujarati by Dr Ramesh Betai (1998). *Anupama-Kālidāsaḥ* (2001), a rich collection of 99 Sanskrit-Gujarati-Hindi-English articles on Kalīdāsa by various scholars edited by Dr Gautam Patel as a commemoration volume to his teacher the famous Prof. A.G. Bhatt (Anūprām Govindram Bhatt) is a fitting tribute to the late scholar who loved Kālidāsa and lived Vedānta.

Finally, some very general and indirect influences of Kālidāsa remain to be referred to. Students of comparative literature are aware that the influence of any literature is exercised to a great extent through its prominent authors and their works. Translations and re-creations of Kālidāsa's works far outnumber the reproductions of any other Sanskrit writer. In fact, they form more than half of the total bulk of such works. Again, Kālidāsa was the first among classical Sanskrit poets to attract the attention of our early modern littérateurs and he seems to have held attention singly for about three decades (up to about 1880) and mainly thereafter. Attempts to translate the verses of his plays firstly in the same metres, and then also in one-to-one verses as far as possible, seem on the one hand to shape an ideal of *sama-ślokī* translations of Sanskrit works, and, on the other, to introduce the use of classical Sanskrit metres in a big way in Gujarati poetry, which till then was using only the traditional *deśī* rhythms of loosely mātrik nature. The use of classical metres obtains thereafter in Gujarati poetry and has remained an important form of poetic expression even to this day. This prominence of classical metres has been a unique characteristic of modern Gujarati poetry, and has helped much in our attempts at translating classics. It has again been averred that the acquaintance of modern Gujarati littérateurs with Sanskrit classics has influenced and expanded our fund of words, and also introduced new forms of poetry like *mahākāvya, khaṇḍakāvya, muktaka*, etc.

The three-pronged influence of Kālidāsa on Gujarati literature may be summarized thus in a nutshell. He served in a big way in shaping its ideal of classical translations, in forming the metrical mode of its poetic expression, and in expanding its fund of words.

Authors of Gujarati Translations of the Works of Kālidāsa

Abbreviations

A — Abridged; SS — Sama-ślokī;

I — Incomplete/Partial; T — Transformed;

P — Prose.

I. *ṚTU-SAṀHĀRA*

1. Balvantray Ramchandra Junnarkar (1886).
2. Mohanlal Prasadray Mehta (1889).
3. Jethalal Bahecharbhai Patel (?).
4. Harikrishna Baldevprasad Bhatt (1913).
5. Tribhuvan Gaurishankar Vyas (1946).
6. Dhiru Parikh (1992) (SS).

II. *MEGHADŪTA*

1. Navalram Laxmiram Pandya (1870).
2. Bhimrao Bholanath Divetia (1879) (SS).
3. Balvantray Ramchandra Junnarkar (1886).
4. Anonymous (?) (SS).
5. M.G. Pandit (1896) (P).
6. Mahashankar Lallubhai Bhatt (1896) (P).
7. Harikrishna Baldevprasad Bhatt (1896).
8. Shivlal Dhaneshvar Kavi (1898) (in classical metres *Pṛthvī* for *Pūrvamegha* and *Sragdharā* for *Uttar-megha*) (mostly six lines in translation to a *śloka*)
9. "Vihāri" (1908) (SS).
10. Kilabhai Ghanshyam Bhatt (1913) (SS).

11. Bulakhiram Ranchhodbhai Pandya (1916/1964) (SS).
12. Nanalal Dalpatram Kavi (1917) (SS).
13. Tribhuvan Gaurishankar Vyas (1937).
14. Pujalal Dalvadi (1938/1945, *Purvamegha*; complete 1980) (SS).
15. Keshav Harshad Dhruv (?) (*Ākhyāna*-style, only up to 12 verses) (I) (T).
16. Manharram Mehta (1943) (*Ākhyāna*-style) (T).
17. Durgaprasad Shukla (1946) (in various classical metres, only up to 10 verses) (I).
18. Natvarlal Bhaishankar Jani (1947) (SS).
19. Jivram Kalidasa Shastri (1956) (SS).
20. Hirachand K. Zaveri (1958) (SS).
21. Shambhuchandra Ramchandra Nandi (1957) (SS).
22. Chhotalal Brahmabhatt (1960) (SS).
23. Kripashankar Bahecharlal Pandit (1963) (SS).
24. Jayant M. Pandya (1968) (SS).
    Pujalal (1980) (SS) (See above No. 14)
25. Mansukhlal Savaliya (1988) (SS).
26. Gautam V. Patel (1997) (ṢS).

III. *KUMĀRASAMBHAVA*

1. Manishankar Prabhashankar Bhatt (1914) (P).
2. "Vijñānabhikṣu" (1915) (only *Rativilāpa*) (I).
3. Tanmanishankar Lalshankar Shiv (1923) (Canto V only) (SS, I).
4. Nagardas Amarji Pandya (1936) (SS).
5. T.B. Kanthariya (1942) (Canto V only, unpublished) (SS, I).
6. Mansukhlal Jhaveri (only *Rativilapa)* (1958) (SS, I).
7. Gautam Patel (1984) (P).

IV. *RAGHUVAṀŚA*

1. Revashankar Mayashankar Bhatt (1870) (Cantos I-II only, *Ākhyāna*-style) (I).
2. Hariram Narashimharam Vyas (1879).
3. Balvantray Ramchandra Junnarkar (1886) (Canto VIII. 30ff.) (I).
4. Jīvram Shastrī, (P, quoted by Govardharnam M. Tripathi, 1883–1901)
5. Bulakhiram Ranchhodbhai Pandya (1923) (Canto VIII only) (I).
6. Kilabhai Ghanshyam Bhatt (1913) (Canto VIII only) (SS, I).

7. Lakshmishankar Tribhuvan Trivedi (?) (Canto II, verses 26ff.) (I).
8. Mulji Durlabhji Ved (1925) (only *Ajavilāpa*) (I).
9. "Kashchid" (1927) (only *Ajavilāpa*) (SS, I).
10. Vitthaldas P. Desai (1935) (Canto I) (SS, I).
11. Nagardas Amarji Pandya (1937) (SS).
12. Gauriprasad Chunilal Jhala (1937-39) (stray portions; VIII. 43ff., VIII. 75ff., XIV. 61-67) (SS, I).
13. Ramnarayan Vishvanath Pathak (?) (*Siṁha-Dilīpa-saṁvāda*, Canto II) (P, I).
14. Chaturbhai Govindbhai Patel (1939) (SS).
15. Karasandas Manek (1962) (Only Canto VIII) (I).
16. Girjashankar Devashankar Bhatt (?) (Canto III. 38ff.) (I).
17. Prajaram Raval (1980) (SS).
18. Jayant Acharya (2003) (SS, very few exceptions).

V. *MĀLAVIKĀGNIMITRAM*

1. Ranchhodbhai Udayram Dave (1870) (verses in *deśī* metres, Acts divided into scenes) (T).
2. Keshavram Kashiram Shastri (1924) (scenes, prose colloquial) (P, T).
3. Balvantray Kalyanray Thakor (1933) (SS).

VI. *VIKRAMORVAŚĪYAM*

1. Ranchhodbhai Udayram Dave (1868) (scenes, verses in *deśī*, Prakrit *gāthās* in Act IV included) (T).
2. Kilabhai Ghanshyam Bhatt (1898) (SS).
3. Himmatlal Ganeshji Anjaria (1906).
4. Keshav Harshad Dhruv (1906-23; 6 eds.) (*gāthās* appended) (SS).
5. Keshavram Kashiram Shastri (1948) (P).
6. Balvantray Kalyanray Thakor (1958) (SS).
7. Indulal Gandhi (1962) (free, modernizing touches in dialogues) (A, P).
8. Narayan Hemchandra Divecha (?) (story only in prose).

VII. *ABHIJÑĀNA-ŚĀKUNTALAM*

1. Dalpatram Pranshankar Khakkahr (1864) (from Marāṭhī tr.).
2. Zaverilal Umiyashankar Yājñik (1867) (verses expanded).
3. Narmadashankar Lalshankar Dave (1881) (called *Śrī-Sār-Śakuntalā*) (A).

4. Fulchand Zaverbhai Shah (1915/1958) (called *Mudrā-Pratāpa*, comic scenes, songs) (T).
5. "Bombay Gujarati Natak Mandali" (?) (called *Kāmalatā*, courtly fashion, comic, songs) (T).
6. Maganbhai Chaturbhai Patel (1926) (mostly *sama-ślokī*).
7. Nanalal Dalpatram Kavi (1926) (SS).
8. "Ras-kavi" Raghunath Brahmabhatt (1926) (called *Sneha-Mudrā*, comic, songs) (T).
9. Mansukhlal Maganlal Zaveri (1928) (called *Smṛti-Bhraṁśa* or *Śāpit Śakuntalā*).
10. Balvantray Kalyanray Thakor (1932) (First draft in 1906, with commentary) (SS).
11. "Bhanu" (1932) (Act IV only) (SS, I).
12. Keshavram Kashiram Shastri (1948) (scenes, colloquial prose) (P).
13. Chandravadan Chunilal Mehta (1949) (versified, up to Act V, also called *Kanyā-vidāya*) (A) (T).
14. Umashankar Jethalal Joshi (1955) (with learned Preface and Commentary) (SS).
15. Jashvant Thakar (1961) (cuts suggested) (P).
16. Leena Sarabhai (1986) (Abridged Stage-version). (A)

Authors of Adaptations or Works (in Gujarati) influenced by the Works of Kālidāsa

ṚTU-SAṀHĀRA

1. Narmad (= Narmadashankar Lalshankar Dave, *Ṛtu-varṇana*.

MEGHA-DŪTA

1. Mansukhlal Zaveri, *Candra-dūta* (1929)
2. Mukundray V. Parasharya, *Alakā* (1981)

VIKRAMORVAŚĪYAM

1. Durgesh Shukla, *Urvaśī* (1933/35)
2. Jashvant Thakar, *Urvaśī* (1959)

ŚĀKUNTALAM

1. Baṭubhāī Umarvāḍiyā, *Śakuntalā-Rasadarśana* (1935)

9

Vedic Sanskrit and Kashmiri Language

B.N. Kalla

KASHMIR is called *Kashir* in Kashmiri language and its language is known as *Kashur*. It is spoken in Kashmir, Kishtwar, Ramban, Reasi and some other places. Pure Kashmiri is spoken in the valley of Kashmir only. Its different dialects are spoken in the rest of the valley. These dialects are mostly influenced by the dialects of the hilly and adjacent areas. Consequently, these are different from the pure Kashmiri. Among the dialects which are spoken in the mountain areas are the Kiṣtwāri, the Siraji, the Pogli, the Ramani and the Reasi.

According to *Nīlamata Purāṇa* (नीलमत पुराण, sixth century CE). Maharṣi Kaśyapa was the founder of Kashmir. He killed a demon namely Jalodbhava (जलोद्भव) living in the lake known as Satīsara (सतीसर). With the result aborigins of Kashmir Nāgas came down from the mountain and inhabited the plain grounds. So, Kaśyap + *Mir* is the appropriate etymology of Kashmir according to my opinion. *Mir* means ocean and lake, etc. in Sanskrit. (See/consult Sir M. Monier-Williams *Sanskrit-English Dictionary*.) In Arabic language *Mir* means title as Shah Mir, etc.

There are many views about the origin of the Kashmiri language. Sir George Grierson is the first European scholar who has attributed it to the Dardic group. According to him, Kashmiri was developed in Dardistan. The mountainous region between the north-west of the Punjab and the Pāmīr is known as Dardistan. Leaving aside Arabic, Persian and Sanskrit works from Kashmiri language, remaining words are Dardic or Piśācī, Kafrī (spoken in the west of Chitral), Shina (spoken in Gilgit). Kashmiri, Kiṣtwārī and Kohistānī belong to this group.

While discussing the origin of Kashmiri language, Grierson has neglected two aspects of Sanskrit which are responsible for making the fundamental base of Kashmiri language. These aspects are *tatsama* and *tadbhava* words. Prakrit and Apabhraṁśa languages have also been totally ignored by him. Without these basic ingredients, the structure of Kashmiri language cannot be said to have strong foundation. In addition to it, he (Grierson) has not paid any attention towards the nouns, pronouns, adjectives, verbs, nominal derivations, verbal derivations and verbs of Sanskrit language which are being used in the Kashmiri language, retaining the same meaning in Kashmiri but pronounced in changed variations due to phonetic change as:

Nouns in Sanskrit	Kashmiri Nouns	Nouns in Sanskrit	Kashmiri Nouns
ghṛtaṁ (घृतं)	*gyava* (ग्यव)	*rājā* (राजा)	*rāja* (राज़ (राज़))
dugdham (दुग्धम्)	*dvada* (द्वद)	*vājaḥ* (वाजः)	*vāja* (वाज़)
tilam (तिलम्)	*tela* (तेल)	*ghāsaḥ* (घासः)	*gāsa* (गास)

Pronouns

P. in Sanskrit	P. in Kashmiri	P. in Sanskrit	P. in Kashmiri
saḥ (सः)	*su* (सु (सु))	*ayam* (अयम् (अयम्))	*yi* (यि)
asya (अस्य)	*asa* (अस)		
tasya (तस्य)	*tasa* (तस)	*ime* (इमे)	*ima* (इम)
kasya (कस्य)	*kasa*(कस)	*imān* (इमान्)	*imana* (इमन)

Nominal Derivations (तद्धित प्रत्यय)

N.D. in Sanskrit	N.D. in Kashmiri	N.D. in Sanskrit	N.D. in Kashmiri
pautraḥ (पौत्रः)	*putara* (पुतर)	*dauhitraḥ* (दौहित्रः)	*jura* (ज़ुर)

Verbal Derivations (कृदन्त प्रत्यय)

V.D. in Sanskrit	V.D. in Kashmiri	V.D. in Sanskrit	V.D. in Kashmiri
bhrājamānaḥ (भ्राजमानः)	*braja vuna* (ब्रज वुन)	*kurvāṇaḥ* (कुर्वाणः)	*karavuna* (करवुन)
khanana (खनन)	*khanuna* (खनुन)	*tāraṇaḥ* (तारणः)	*taruna* (तरुन)

Adjectives

Ad. in Sanskrit	Ad. in Kashmiri	Ad. in Sanskrit	Ad. in Kashmiri
nīlaḥ (नीलः)	*nyūla* (न्यूल)	*kṛṣṇaḥ* (कृष्णः)	*krahuna* (क्रहुन)
ujjvalaḥ (उज्ज्वलः)	*vujula* (वुज़ुल)	*haridraḥ* (हरिद्रः)	[*lyadur* (*ralayorabhe daḥ*)] ल्युदुर (रलयोरभे दः)
śyāma (श्यामः)	*śyāma raṅga* (श्याम रंगः)	*śvetaḥ* (श्वेत)	[*chota* (*safeda*)] छोत (सफेद)

Verbs

Verbs in Sanskrit	Verbs in Kashmiri	Verbs in Sanskrit	Verbs in Kashmiri
paṭhana (पठन)	*paruna/paḍuna* (परुन/पड़ुन)	*smara* (स्मर)	[*svara* (*dayināvasvara*)] स्वर (दयिनावस्वर)
paṭha (पठ)	*paḍa/para* (पड़/पर)	*gaccha* (गच्छ)	*gacha* (गछ)
kuru (कुरु)	*kara* (कर)	*calatu* (चलतु)	*calata* (च़लत)

Those scholars who have classified Kashmiri in Dardic group cannot explain purely how Kashmiri belongs to this group. Grierson has not cleared this point and has not supported his view with any argument. No doubt he has noticed certain Dardic words in Kashmiri language, but mere words cannot support his point of view. Grierson has tried to show original similarity in the two languages in a comparative table of Shina and Kashmiri. By this we can clearly judge that Kashmiri is not different from Indo-Aryan group. Shina and Sanskrit have similarity in meanings as well as in their phonetics, as will be clear from the following table:

	Shina words	Sanskrit words
1.	*aditya+vāra* (अदित+वार)	*ādityavāraḥ* (आदित्यवारः)
2.	*candraruva+vāra* (चन्द्ररुव+वार)	*candravāraḥ* (चन्द्रवारः)
3.	*aṅgāra+vāra* (अंगार+वार)	*aṅgāravāraḥ/bhaumavāraḥ* (अंगारवारः/ भौमवारः
4.	*budha+vāra* (बुध+वार)	*budhavāraḥ* (बुधवारः)
5.	*braspata+vāra* (ब्रस्पत+वार)	*bṛhaspativāra* (बृहस्पतिवार)
	Arabic words	***Arabic words***
6.	*jumāha+vāra* (जुमाह+वार)	*jumāhavāra* (जुमाहवार)

The chief characteristic of Kashmiri verbs is the existence of synthetical tendency which is lacking in Dardic language. Kashmiri verbs assume many shapes according to number, gender, person and tense. Such as we find in different forms of Kornas as given below.

Kornas (He did to A); Kurthas (You did to A); Kurmas (I did to A); Kurus (Do to); Karith (Having done); Kar (Do). Such kinds of synthentical tendencies can be found in Sanskrit.

In the forms of the verb, number and gender are indicated by direct inference. We do not find such a tendency in verbs in Dardic group. Due to this peculiarity of Kashmiri verbs, it is not correct to say that Kashmiri language belongs to Dardic group, as some scholars believe.

Aryan settlements in the valley cannot be ruled out. After Nāgas Vedic Aryans settled in different parts of Kashmir during the Vedic period. They were the worshippers of nature. Most of them preferred to settle on the banks of the Vitastā, the Gaṅgā of Kashmir. The Vitastā (Kashmiri Veth) is as old as *Ṛgveda*. There is a description of Vitastā in the Nadī-Sūkta of *Ṛgveda*. This indicates the antiquity of the importance of the river consumed as well as its Kashmirian name.

Bhṛṅgīśa, one of the Vedic sages led to the life of a hermit in Anantnag district. In his memoir, mention is made of a famous stream (*nālā*) known as Bhṛṅgī-Nālā in southern Kashmir. He composed the "Bhṛṅgīś Saṁhitā" a collection of different *stotra*s which is an authentic record of pilgrimage to some shrines of ancient Kashmir. Gautama Ṛṣi was another famous sage of Kashmir who lived in Anantnag. Gautama Nāga (Spring) is a famous spring in Kashmir which commemorates the name of Gautama even today. Vetha (व्यथ) the Greeks know it by the name of Hydaspes, the more correct Bidaspes of Ptolemy coming closer in meaning and content to the Sanskrit corruptions of Bidasta — Bihat.

In the clan of Vedic sages the name of Bhīma Sadhi/Ṛṣi cannot be ignored. Bumuzo a famous village in the Mārttaṇḍa Tīrtha reminds us of the existence and the popularity of the *ṛṣi*. During the Medieval period it came to be known as Jhelum (झेलम).

Kashmiri brāhmaṇas belong to the Kāṭhak branch of *Yajurveda*. This branch is only existing in the Kashmir. Their rituals are governed by the law book of Laugākṣī Muni (a Vedic sage). The tradition of sixteen (16) *saṁskāra*s of the Vedic rituals is still prevalent in the rituals' practice of Kashmiri brāhmaṇas. *Homa* (Fire Worship) is performed in all rituals, even in *pitṛkriyā* in Kashmir till date. Our family names (*gotra*s) are derived from the names of Vedic sages, as Dattātreya (दत्तात्रेयः), Kauśika (कौशिकः), Bhāradvāja (भारद्वाजः) and Bhavakāpiṣṭhala (भवकापिष्ठल), etc.

Moreover, even after the lapse of thousands of years, there are some villages as Arigam (a corrupted version of the Sanskrit name Ārya Grama), Ārihal (derived from Sanskrit Arya Hala) and Alus/Olus a known village in the Pulwama district (derived from the Sanskrit Āryesha). These are living examples of Aryan settlements in Kashmir. Similarly Arivan (Sanskrit Āryavanam), Aripath (Sanskrit Āryapatha), etc. are the current names used in the valley. Their language was Vedic Sanskrit which is spoken by all Kashmiris presently.

Source of Kashmiri Language

According to my research work of more than five decades on Kashmiri language and in *Kashmiri Dictionary* Section as a researcher-cum-editor in the J&K Cultural Academy, Srinagar, Kashmiri can be classed into five forms:

1. Kashmiri of Vedic period (2350 BCE – 500 BCE)
2. Kashmiri of Classical Sanskrit period (500 BCE onwards)
3. Kashmiri of Prakrit period (500 BCE – CE 500)
4. Kashmiri of Apabhraṁśa period (CE 500 – CE 1200)
5. Kashmiri of Persian and Arabic period (CE 1400 onwards).

It has been mentioned above that Kashmiri belongs to Dardic group according to the view of Sir George Grierson. Other scholars have subscribed to his view without going into details which the study of a language squarely demands. If we go deep into the subtlety of the Kashmiri language or its different forms for its pronunciation, etc. We come to the conclusion that Kashmiri is not different from Vedic Sanskrit or classical Sanskrit. Philologists have accepted five points for adjudging the similarity between any two languages. These are phonetics, wordology, morphology, syntax and semantics. We find almost all these points in common between Sanskrit and Kashmiri, which has been made clear below:

Kashmiri Sentences	Sanskrit Sentences
cera ma kara (चेर म कर)	*ciraṁ mā kuru* (चिरं मा कुरु)
tota ma gacha (तोत म गछ)	*tatra mā gaccha* (तत्र मा गच्छ)
myadi (म्यदि)	*medehi* (मेदेहि)
dūra ma basa (दूर म बस)	*dūre mā vasa* (दूरे मा वस)
tota ponya (तोत पोन्य)	*taptaṁpānīyam* (तप्तंपानीयम्)

Kashmiri is so close to Sanskrit as soul to the human body. While coming from Sanskrit, Indian languages changed into different forms of Prakrit and Apabhraṁśa languages. They became part and parcel of Kashmiri language. Except *tatsama* and *tadbhava* words of Sanskrit all other remaining words have come into the Kashmiri language through Prakrit and Apabhraṁśa.

When we go back in our observations into the Sanskrit language of Vedic times, we notice that Kashmiri language is as old as the Vedic language so as the *Ṛgveda.* Unfortunately philologists have not cared to go into its depth and have given their views superficially. It is also very difficult to trace the origin of Kashmiri language, as due to constant floods, the layers of the river disappear and its exact bottom cannot be seen. Similarity of this phenomenon can be noticed in Kashmiri language also. Due to different layers of cultural epochs which accumulated through the ages the bottom of Kashmiri language has remained hidden underneath.

First specimen of Kashmiri language is *Mahānaya-prakāśa* of Shiti Kaṇṭha (13th century CE) as:-

यसु यसु जन्तुस संविद् यस यस
नील पीत सुख दुःख सरूप ।
उदयिस दत्त समानी समरस
कम कम्पन तस तस अनुरूप ॥

yasu yasu jantusa saṁvida yasa yasa
nīla pīta sukha duḥkha sarūpa
udayisa datta samānī samrasa
kama kampana tasa tasa anurūpa

When an individual soul realizes ones ownself, he becomes one with god or feels universal consciousness. *Idam* (इदम्) disappears and *aham* (अहम्) remains. Subject remains and object disappears. Then *vākhas* (*vak,* वाक् in Sanskrit) of Lal Ded and

*Śruki*s (*śloka*s in Sanskrit) of Nunda Ṛṣi alias Shiekh Noor-ud-din Walli are available in Kashmiri literature in fourteenth century CE. One of the *vākha*s of Lal Ded is given here:

शिव छुय थलि थलि रोज़ान
मो ज़ान छ्योदं (हिन्दू) त॒ मुसलमान ।
त्रुकुय छुख पनुन पान प्रज़नाव
स्वय छय साहिबस स॒त्य ज़ांनी ज़ान ॥

śiva chuya thali thali rojāna
mo jāna chayodaṁ (Hindū) ta Musalmana ।
Trukuya chukha panuna pāna prajanāva
svaya chaya sāhibasa satya jānī jāna ॥

Śiva lives everywhere. He is omnipresent. Don't differentiate between Hindu and Musalman. You are well-versed in *Trikā* philosophy, that is the recognition with God (God is reality).

Example of Nunda Ṛṣi's *śruki* (*śloka* in Sanskrit) is given below:

स्नाना कंरिज़ि युथ न कांह ड़ेशी
स्नानाह कंरिज़ि गुपिथ पान ।
क्रिया कंरिज़ि युथ न॒ ज़ाथ मशी
मशी निश अद॒ पनुन पान ॥

sanānā kariji yutha na kānha ḍeśī
snānāha kariji gupitha pāna ।
kriyā kariji yutha na jātha maśī
maśī niśa ada panuna pāna ॥

Bath daily so that nobody can see you. While worshipping recognize Him (God). By this way you will get divine knowledge. This is a fine example of the Doctrine of Recognition (प्रत्यभिज्ञा सिद्धान्त) according to my view.

In fifteenth century there is a Kashmiri work known as *Bānāsurakathā* by Avatāra Bhaṭṭa in which specimen's of old

Kashmiri are preserved without any ostensible influence of Persian and Arabic. One of the verses is given here as an instance:

> शुनेत वनो कुम्भाजे बाणस । अनोत मंगिथ किथ विनाश ।
> युद्ध महादुस्सहऐपानसे । च़ल देक अपवच़न म भाष ॥
> *śuneta vano kumbhāje bāṇasa, anota maṅgitha kitha vināśa* ।
> *yuddha mahādussahaepānase, cala deka apavacana ma bhāṣa* ॥
>
> Having heard, Kumbhaja said to Bāṇa, why have you invited destruction? The battle is unbearable. O! Deva go away. Do not speak bad words.

By these examples, we can judge that only the above-mentioned languages were prevailing in Kashmir in the thirteenth century. If there would have been any language other than these in vogue at that time, we could have possibly come across any document, manuscript or an inscription in that very form; even we do not find any historical evidence about it. Generally, we find number of inscriptions in different parts of the valley in Śāradā script of Sanskrit language up to the thirteenth century CE. Even in Muslim period many inscriptions in this very Śāradā script have been found at different places in Kashmir. One of them is existing in the small shrine of Bhawaneśvarī between Harshishwar and Khonomuh, birth place of Bilhana about 14 km from Srinagar. The inscription indicates the time of Zain-ul-ab-din (1423-75), a famous Muslim ruler of Kashmir.

Vedic and Kashmiri Language

Thousands of years having passed, we find many Vedic words in Kashmiri language almost with the same sound, in the same form and possessing the same meaning. These words continue to be used in these very shades even at this time. In classical Sanskrit these words do not project those meanings. There is difference in the meanings of words in Vedic Sanskrit and classical Sanskrit such as we find in the following cases.

The Sanskrit words *vaya* is used in the sense of bird and age, but in the Vedic Sanskrit it connotes food or grain. *Vaya* has retained the same meaning in Kashmiri language as *tvahi chāvaya mvaṭhāha*? (त्वहि छावय म्वठाह?) (Have you a handful of grain?), *tamaḥ* (तमः) is used in the meaning of darkness in the classical Sanskrit. From this *tama* we have formed the word *tamun* in Kashmiri language which means blackness, but the Vedic Sanskrit *tama* means painting which is retained in the same sense in the Kashmiri language as *tamisa chutama* (तमिस छुतम) (he is suffering from asthama) *tvakṣa* (त्वक्ष) — means vitality in Vedic language. It has assumed the form of *tvccha* (त्वच्छ़) in Kashmiri as *tasa cha na tvaccha* (तस छ न त्वच्छ़) (he has no vitality). It must be remembered that *kṣanta* words are changed into *chanta* in Kashmiri language as (*pacha*), (*tacha*), (*racha*), etc. *pava* (पव) is used in the sense of power or hold in Vedic language. It has the same meaning in Kashmiri as *tasa chusyṭhāha atha pava* (तस छुस्यठाह अथ पव) (he has hold on this). Vedic word *budhnaḥ* (बुध्नः) means bottom. This word is used in the same meaning in Kashmiri language as *bavnamanama* (बव्नमनम) (do not bow), *yadya* (यद्य), *uvai* (उवै), is one of the Vedic words which means "if", which has become *udavai* in Kashmiri and has the same meaning in Kashmiri also as *yodavaya tohya gachiva tora* (योदवय तोह्य गछिव तोर, if you go there). Vedic word, *sina* (सिन) is used in the sense of vegetable. It has the same meaning in Kashmiri also as *tvahi kyā osuva syuna*? (त्वहि क्या ओसुव स्युन, what vegetable you had cooked?) Vedic *puṣyaḥ* (पुष्यः) has meaning of flower, Kashmiri *pośa* (पोश) is derived from *puṣaya* which means flower as *pośa phajya* (पोश फंज्य), *vāja* word is used in the sense of grain. Metaphorically it is used in the sense of cook in Kashmiri as *vāja chuna jāna* (वाज़ छुन जान, the cook is not good). *jani* (जनि) means woman in Vedic Language, in Kashmiri the word has preserved that meaning as *sva janya chya syaṭhāha jāna* (स्व जन्य छ्य स्यठाह जान).

jīra (ज़ीर) word is used in the sense of provocation in the Vedic language. The same sense is retained for this word in Kashmiri language as *tasa ma di jīra* (तस म दि ज़ीर, don't provoke him). The Vedic *tapus* (तपुस्) means heat. It has the same meaning in Kashmiri language as *tosa vathuna* (तोस वथुन, becoming heated). *Sathūra* (स्थूर) means hard in Vedic language. In Kashmiri it has the same meaning as *ṭhora a'ḍija* (ठोर अऽडिज, hardbone). *Ṭhora* is derived from *sathūra*. *Jani* (जनि), means woman in Vedic languages, in Kashmiri the word has preserved that meaning स्व छ्य जान ज़न्य as *sva chya jāna janya*, she is a good lady. *Deha* (देह), means bank in Vedic language. It has the same meaning in Kashmiri *doh* (दोह) is derived from *deha* which means bank as *da'hisa pyaṭha beha* (दऽहिस प्यठ बेह, sit on the bank), *śyāba* (श्याब), means dark in Vedic language, it is retained in the same meaning in Kashmiri language as *hāya tulanya* (हाय तुलन्य), means remove the darkness. Here we must remember that the letter *śa* or *ṣa* (श या ष) changes into *ha* (ह) in Kashmiri language as *daśa* (दश), *pauṣa* (पौष), *māṣa* (माष), etc. change into *daha* (दह), *poha* (पोह), *māha* (माह), etc. *va* (व) changes into *ya* (य) as *nāva* (नाव) boat changes into *nāya* (नाय) or *nāyi* (नायि). *Haye* (हये) is an exclamation in Vedic Sanskrit. It is used in the same form in Kashmiri also as *haye! mya kyāha gava* (हये! म्य क्याह गव) (oh! what happened to me). The table given below shows the similarity between Vedic Sanskrit and Kashmiri:

Vedic words	Kashmiri words	English meaning
pūraḥ (पूरः)	*pūra* (पूर)	A kind of cake fried in *ghī* or oil.
nava (नव)	*no'va* (नोऽव)	New
divyaṁ (दिव्यं)	*diva* (दिव)	Divine
kakṣaḥ (कक्षः)	*kacha* (कछ)	Weed
pravaḥ (प्रवः)	*prava* (प्रव)	Dazzle
āsyaṁ (आस्यं)	*o'sa* (आऽस)	Mouth

Vedic words	Kashmiri words	English meaning
dvāraṁ (द्वारं)	*dā'ra* (दाऽर)	Window
rasaḥ (रसः)	*rasa* (रस)	Juice
dhava (धव)	*dava* (दव)	Run
nāḍī (नाडी)	*na'ra* (नाङर)	Vein
bhāmaḥ (भामः)	*boma* (बोम)	Anger
vahana (वहन)	*vahuna* (वहुन)	Flow
bala (बल)	*baluna* (बलुन)	Recover
braghnaḥ (ब्रघ्नः)	*budura* (बुदुर)	Tawny bull
rāmamāṣā (राममाषा)	*rumāha* (रुमाह)	Black beans
riṣ (रिष्)	*reha* (रेह)	Flame
ūdhas (ऊधस्)	*vuya* (वुय)	Udder
amṛtaṁ (अमृतं)	*amaryatha* (अमर्यथ)	Nectar
tārakaḥ (तारकः)	*tāraka* (तारक)	Star
carma (चर्म)	*cama* (चम)	Skin
caruḥ (चरूः)	*cora* (चोर)	An oblation
dhūmaḥ (धूमः)	*daha* (दह)	Smoke
nabhaḥ (नभः)	*naba* (नब)	Sky
nabhiḥ (नाभिः)	*nāpha* (नाफ)	Naval
pakṣaḥ (पक्षः)	*pakha* (पख)	A wing
śṛṅga (शृङ्ग)	*hyaṅga* (ह्यंग)	Horn
mṛgaḥ (मृगः)	*mraga* (म्रग)	Deer
stambhaḥ (स्तम्भः)	*thaṁba* (थंब)	Pillar
barhis (बर्हिस्)	*breha* (ब्रेह)	Flame
muktā (मुक्ता)	*mvakhtu* (म्वख्तु)	Pearls
mukuṭa (मुकुट)	*mvakaṭa* (म्वकट)	Crown
nīlaḥ (नीलः)	*nyūla* (न्यूल)	Blue
ratnaṁ (रत्नं)	*ratana* (रतन)	Gem
prāṇaḥ (प्राणः)	*prāṇa* (प्राण)	Breath
mitram (मित्रं)	*methara* (मेथर)	Friend
bhāraḥ (भारः)	*bora* (बोर)	Load
jñānaṁ (ज्ञानं)	*jāna* (ज़ान)	Knowledge
pānīyaṁ (पानीयं)	*poñya* (पोञ्य)	Water
śīrṣaḥ (शीर्षः)	*hīra* (हीर)	Head
Ghṛtaṁ (घृतं)	*gyava* (ग्यव)	Ghee

Vedic words	Kashmiri words	English meaning
mākṣā (माक्षा)	*mācha* (माछ)	Honey
prajā (प्रजा)	*prajā* (प्रजा)	Subjects
rājā (राजा)	*rāja* (राज)	King
bhūtadharitrī (भूतधरित्री)	*butarātha* (बुतराथ)	Earth
daṇḍaḥ (दण्डः)	*dana* (दन)	Handle
divasa/divā (दिवस/दिवा)	*doha* (दोह)	Day
ṛtaṁ (ऋतं)	*ruta* (रुत)	Right
mūlaṁ (मूलं)	*mūla* (मूल)	Root
agniḥ (अग्निः)	*oguna* (ओगुन)	Fire
dūraṁ (दूरं)	*dūra* (दूर)	Away
patraṁ (पत्रं)	*pa'tra* (पऽतर)	Leaf
phalaṁ (फलं)	*phala* (फल)	Fruit
chāyā (छाया)	*chāya* (छ़ाय)	Shadow
nityaṁ (नित्यं)	*nyatha* (न्यथ)	Daily
sandhyā (सन्ध्या)	*saṅdyā* (संद्या)	Evening time
kālaḥ (कालः)	*kāla* (काल)	Time
mukhaṁ (मुखं)	*mvakha* (म्वख)	Mouth
vāyuḥ (वायुः)	*vāva* (वाव)	Air
kuṇḍalaṁ (कुण्डलं)	*kuṇḍalā* (कुंडल)	Ear-ring
ulūkhalaṁ (उलूखलं)	*vvakhula* (व्वखुल)	A mortar
sūryaḥ (सूर्यः)	*siriya* (सिरिय)	Sun
candraḥ (चन्द्रः)	*ca'nadra* (च़ऽन्दर)	Moon
rātriḥ (रात्रिः)	*rātha* (राथ)	Night
tāmbūlaṁ (ताम्बूलं)	*tambūla* (तोम्बूल)	Betal
niśa (निशा)	*neha* (नेह)	Night
mālā (माला)	*māla* (माल)	Garland
cakraṁ (चक्रं)	*ca'khara* (च़ऽखर)	Wheel
phena (फेन)	*phīna* (फीन)	Foam
madhyaṁ (मद्यं)	*maya* (मय)	Wine
manaḥ (मनः)	*mana* (मन)	Mind
śīnaḥ (शीनः)	*śīna* (शीन)	Snow
rathaḥ (रथः)	*ratha* (रथ)	Chariot

Vedic words	Kashmiri words	English meaning
garbhaḥ (गर्भः)	*gaba* (गब)	Bedding
avārah (अवारः)	*ora* (ओर)	Side
gharmma (घर्म्म)	*gara'ma* (गऽरम)	Heat
tāpanaṁ (तापनं)	*tavuna* (तवुन)	Heating
upālambhaḥ (उपालम्भः)	*vulāma* (वुलाम)	Abuse
svaraḥ (स्वरः)	*svara* (स्वर)	Sound
kathā (कथा)	*kathā* (कथा)	Story
karma (कर्म)	*karama* (करम)	Action
purāṇaṁ (पुराणं)	*prona* (प्रोन)	Old
yugaṁ (युगं)	*yvaga* (य्वग)	Period
samaḥ (समः)	*soma* (सोम)	Same
khaṇḍaṁ (खण्डं)	*kheṇḍa* (खेण्ड)	Piece
māṁsaḥ (मांसः)	*māja* (माज़)	Meat
viplavaḥ (विप्लवः)	*vyupa* (व्युप)	Flood
annaṁ (अन्नं)	*ana* (अन)	Food
pādaḥ (पादः)	*poda* (पोद)	Foot
talaṁ (तलं)	*tala* (तल)	Bottom
dṛḍhaḥ (दृढ़ः)	*dora* (दोर)	Hard
devadāruḥ (देवदारुः)	*divadora* (दिवदोर)	Pine
halaḥ (हलः)	*hala* (हल)	Plough
āmaḥ (आमः)	*oma* (ओम)	Raw
dharanaṁ (धरणं)	*daruna* (दरुन)	Retention
garjanaṁ (गर्जनं)	*grajuna* (ग्रजुन)	Roaring
dātraṁ (दात्रं)	*drota* (द्रोत)	Sickle
dhārā (धारा)	*dāra* (दार)	Edge
upalaḥ (उपलः)	*pala* (पल)	Round stone
rajjuḥ (रज्जुः)	*raja* (रज़)	Rope
tāraḥ (*तारः)	*tāra* (तार) instrument	String of a musical
rekhā (रेखा)	*ra'kha* (रऽख)	Line
gauśakṛt (गौशकृत्)	*guha* (गुह)	Cowdung
gaṇḍaḥ (गण्डः)	*gaṅḍa* (गंड)	Knot
nāḍī (नाड़ी)	*nāra* (नार)	Blood vessel

* Even ferrying across in both the languages.

Grammatical forms as obtaining in the Vedic, can also be seen in Kashmiri language. In Vedic language we use *tvan* (त्वन्) in making abstract noun, but in classical Sanskrit we use *twa* in place of *tvan* (त्वन्) Vedic. But in Kashmiri we have preserved the Vedic *tvan* as *hoṅjatona ma, kara* (होंज़तोन म, कर, do'nt act like a boatman). *ton* (तोन) is a derivation from *tvan*. While making abstract nouns in Prakrit we use the suffix *panna* (पन्न). The same Prakrit suffix *panna* becomes *pan* in Indian languages when we form abstract nouns there, as *laṛakpana, bacapana*, etc.

On the marriage of *yajñopavīta* rituals of Kashmiri Paṇḍits ladies sing Kashmiri songs in Vedic accentuation even now, which is an irrefutable evidence of the fact that Vedic has been the fountain-head of Kashmiri.

Keeping the above facts in view, we come to the conclusion that the Kashmiri Language is as old as Vedic language. The view held by Grierson about the origin of Kashmiri language and his assertion that it belongs to Dardic or Paiśācī group seems to have no credence. In view of the evidence enumerated on these pages, we, therefore would like to concede that there is a sizeable number of Vedic words which have come down to us and intermixed with Kashmiri in the original form or modified form. The difference in pronunciation or intonation might be there, but it will in no way affect the content or the fund of Vedic words borrowed and consequently owned by Kashmiri language. By these authentic examples we can ascertain that Kashmiri is the developed form of Sanskrit language. So it is not a dead-language there. It is spoken there in the forms of — *tatsama* (तत्सम), *tadbhava* (तद्भव), Prakrit (प्राकृत) and Apabhraṁśa (अपभ्रंश) languages.

References

A Dictionary of Sanskrit by Sir M. Monier-Williams.

A Dictionary of Urdu, Classical Hindi & English by John Platts, M.A.

A Comparative Dictionary of the Indo-Aryan Languages, by R.L. Turner.

A Comprative Study of Kashmiri and Sanskrit Languages, B.N. Kallas's PhD dissertation written in Sanskrit

English-Sanskrit Dictionary by M. Monier-Williams.

Kashmiri Bhāṣā, Kaśmīrī Bhāṣa Paricaya Kośa, Central Hindi Directorate, New Delhi.

Kashmiri Dictionaries pub. by J&K Cultural Academy, Srinagar (from first to seventh volume). The author has given etymology of forty five thousand words of Kashmiri.

Kashmiri Bhāṣa, pub. by Central Hindi Directorate, New Delhi. up to the seventh volume of *Kashmiri Dictionarie* published by J & K cultural Academy, Srinagar.

Kashmiri Language: *A New Point of View*, by B.N. Kalla, Hamara-Adab, published J&K Cultural Academy, Srinagar.

Kashmiri & Sanskrit by B. N. Shastri, Proceedings of the First International Sanskrit Conference, vol. 2, part 1, 1972.

Lal Ded by Rajanaka Bhaskara.

Linguistic Survey of India by G.A. Grierson.

Mahārthamañjarī by Maheśvarānanda ed. by Mukund Ram Shastri.

Origin of Kashmiri Language by B.N. Shastri (Kalla), Shardapeetha Research Series, vol. V, 1971.

Prakrit Text series by Seth Hargovind Das.

Shina Aur Gilgit Ki Zaban by Dr Namus (published in Pakistan).

Vedic Etymology by Fateh Singh.

Vedic Elements in Kashmiri Language, Anuhar, Post Graduate Department of Kashmiri, University of Kashmir, Srinagar.

10

Sanskrit and Assamese on Liṅga, Kāraka and Śabda-Vibhakti

Rajendra Nath Sarma

Introduction

ASSAMESE is the language of the inhabitants of the undivided Assam previously known as Prāgjyotiṣapura. The modern name of the State, Assam is of recent origin. It was also called Kāmarūpa. As rightly observed by Dr Birinchi Kumar Barua, "the first available epigraphic record mentioning the name "Kāmarūpa" is the Allahabad inscription of Samudragupta belonging to the fifth century of the Christian era. The *Yoginī-Tantra* refers to the Kāmarūpa.[1]

Assam is connected with the Ahoms or the Shan invaders who entered the Brahmaputra valley in the beginning of the thirteenth century CE. Assamese is the *lingua franca* amongst the different tribes of NEFA (North-Eastern Frontiers of Assam) and the Nagaland and other hill areas within the State.

The language has a number of dialects closely agreeing with each other and current in two districts namely Kāmrūpa and Goalpārā.

1. *Kāmrūpa iti khyātaḥ sarvaśāstreṣu niścitaḥ*, *HOAL*, p. 1.

The Assamese language developed out of Sanskrit language through Māgadhī Prakrit as early as in the seventh century CE. According to Grierson, "Māgadhī was the principal dialect which corresponded to the Eastern Prakrit."[2]

The vocabulary of Assamese is largely derived from that of Sanskrit and its morphological structure is also based on Sanskrit grammar which is the model for it. The vocabulary is *tatsama.* In speech, however, the original Sanskrit words are used not in abundance and they are mostly replaced by *tadbhava* or *ardha-tatsama* words.

The alphabet has developed out of ancient Indian system of writing, the Brāhmī, in which Sanskrit and other ancient Indian dialects were written long before origin of Assamese language in about CE 200. Assamese is written from left to the right.[3]

In Assamese alphabet, the vowels are given first and then the consonants. The letters in the alphabet have their names and in most cases, they are proximate to the sounds they represent. Some of the letters of the alphabet are very rarely used and they are regained only in loyalty to a convention.

It may be mentioned here that pronunciation is not always very faithful to the spelling in Assamese language. The same letter may represent many sounds or the same sound may be represented by many letters.

Liṅga

In the present paper, an attempt has been made to discuss the position and peculiarity in respect of the gender, case and *śabda-vibhakti* in Sanskrit and Assamese languages, *liṅga* (gender) is the form that clarifies the concept of male and female. In Assamese language, there is no gender established

2. *LSOI* (vol. I, part I), pp. 125-26.
3. *AFA*, p. 2.

by grammar. A gender is called grammatically established when without maintaining any relation with beings, non-beings, male and female, the gender — masculine, feminine and neuter, etc. are determined. For example, the words *kalatra* and *dāra* in Sanskrit are neuter and masculine even though they refer to woman. In Assamese, however, there is the difference in gender with reference to the words relating to the being (*prāṇī*). Three devices are used to show the difference in gender —

(a) by using some combined forms denoting male and female, for example male buffalo (*matā moh*) and female buffalo (*maikī moh*);

(b) by way of using different words, for example *puruṣa* (male) and *mahilā* (female); and

(c) by adding some suffixes, for example *būḍhā* (old man) and *būḍhī* (old woman).

In Sanskrit, there are some suffixes like *āp, īp* and *īṣ*, etc. used after words to mean feminine gender. For example — *ajā, vyāghrī, mānuṣī*, etc. In Assamese, there is no special system of declension or conjugation for feminine and neuter. In case of pronouns in Assamese, however, there is a corresponding feminine form only for the 3 (three) personal pronouns, viz. *si* (xi) = he as *tāi* (she) and *i* = this one (masculine), as *ei* = this one (feminine).

Masculine nouns and adjectives may be transformed to feminine by adding certain suffixes, e.g. *ā* to the masculine word *priyatama* = *priyatamā* (darling) and *i* to the word *pāgala* (mad man) = *pāgalī* (mad woman).

As in Sanskrit, in Assamese also the words *nāyikā* and *lekhikā* are the feminine forms of the words *nāyaka* and *lekhaka*, respectively. Unlike in Sanskrit, masculine words ending in — *i* in Assamese take — *ī in* feminine. For example — *sakhi* (male friend) *sakhī* (female friend).

Some of the feminine words in Assamese meaning relation and certain other feminine words are not formed by adding prefixes or suffixes in regular manner. For instance — *bhāī* (younger brother), *bhanī* (younger sister), *rājā* (king), *rāṇī* (queen).

These are some of the peculiarities relating to gender system in Assamese language.

Kāraka and Śabda-Vibhakti

Like in Sanskrit, in Assamese also, there are six *kāraka*s namely *kartā kāraka, karma kāraka, karaṇa kāraka, nimitta kāraka* (*saṁpradāna* in Sanskrit), *apādāna kāraka* and *adhikaraṇa kāraka*. A *kāraka* is that with which the verb has a relation. *Kāraka*s are formed by adding inflections and by means of post-positions, conveniently called as last case-ending, and case-ending and so on. The *nimitta kāraka* in Assamese is nothing but the *saṁpradāna kāraka* in Sanskrit.

Śabda-vibhakti is that by which *kāraka* and related *pada* are understood. Against seven case-endings in Sanskrit, there are six case-endings in Assamese.[4] They are 1st case-ending, 2nd case-ending, 3rd case-ending, 4th case-ending, 6th case-ending, and 7th case-ending. According to Dr Upendra Nath Goswami, in fact there is no fifth case-ending in Assamese. After using 6th-case-ending in a word, the sign for ablative case-ending *parā* is used. For example, *Rāmar parā* (from Rāma). Here *parā* is not added to Rāma directly but after *ra* (sixth case-ending sign), *parā* is used. This concept is totally different from Sanskrit. In Assamese, the *śabda-vibhakti*s are dependent on sound (*dhvani*).

Subjects of transitive verbs take 1st case-endings. For example — *śikṣake* (teacher), but in Sanskrit, it will be *śikṣakaḥ*; *nadī-ye* (the river) against *nadī* in Sanskrit.

4. *ABRK*, p. 18.

All personal pronouns and few others take the suffix *ka* (after a vowel) and *aka* (after a consonant) with some change in the basic form of the pronoun. For example — *moka* (pronounced as *mok*) *diyak* meaning "give me". *Mok* (*a*) = *mām* in Sanskrit. In case of other pronouns and nouns of the accusatives case, the 2nd case-ending (*ka*) or (*aka*) is very irregular. For example, *si kām* (a) *kariche* (he has done work). In case of instrumental case, a word is used in 6th case-ending and is followed by a word *dvārā* in Assamese. Subjects of the passive voice also take third case-ending. For example *mor dvārā eito karā hal* (*mayā idaṁ kriyate*) (in Sanskrit).

Words take the 4th case-ending in the sense of "to" and "for". Suffix — *la'i* (after vowels) and *ala'i* (after consonants are used after nouns and modified bases of pronouns. For example — *atithila 'i cāh* (a) *ānā* (bring tea for the guest).

All the nouns and pronouns (modified base) take *r* (a) after vowels and *ar* (a) after consonants. For example — *asamar jalavāyu* (climate of Assam). Nouns and modified bases of pronouns take *t* (a) after vowels and *at* (a) after consonant. Nouns meaning time and pronouns standing for time generally do not take any suffix. For example, *mai puvā āhim* (I shall come in the morning). In Sanskrit it is different.

It deserves special mention that about 75 per cent of Sanskrit words are directly used in Assamese. This Sanskrit or classical influence proved a great benefit to the cultural life of the people in all respects; it gave the Assamese language a rare distinction, and created in it a literature which is expected to stay for all times; it also tempered, refined and polished the manners and character of the Assamese society.

References

Asamīyā Bhāṣār Rūpkathā (*ABRK*) by Dr U.N. Goswami.

Assamese for All (*AFA*) by Dr M.M. Sharma.

History of Assamese Literature (*HOAL*) by Dr B.K. Barua.

Linguistic Survey of India (*LSOA*) by Grierson.

11

Impact of Sanskrit on Post-Colonial Malayalam Literature*

C. Rajendran

IT is an undeniable fact that a classical language like Sanskrit is understood only by a minority of people of the present age. Gone are the days when Sanskrit functioned as the *lingua franca* of the Indian intellectual-s when a Śaṅkarācārya from the extreme south could uninhibitedly converse with a philosopher of the extreme north on abstruse issues concerning abstract philosophy or a Kerala critic could write a lucid commentary on a difficult work on Sanskrit poetics from Kashmir. However, the influence Sanskrit has been exerting on regional languages and their literature is yet not on the wane. It is roughly estimated that a stunning eighty per cent of the vocabulary of the scholarly usage of the languages like Malayalam of the Dravidian stock is constituted by Sanskrit. Sanskrit poetry and classical Indian philosophy have been a constant source of inspiration to littérateurs who write in

---

* Paper originally presented at the National Seminar on *The Impact of Sanskrit on Modern Literature* under the auspices of Sahitya Akademi, New Delhi in Jadavpur University, Kolkata on 28-29 March 2005 and subsequently revised.

modern languages just as in the case of earlier poets and thinkers like Rabindranath Tagore and Aurobindo Ghosh. And Malayalam literature is no exception to this general tendency. We see a propensity among poets, playwrights, novelists and critics to turn to Sanskrit literature for inspiration. Many new works have been churned out from the vast wealth of the Sanskrit legacy existing in the collective psyche of the Indian people. This is in stark contrast with the ill-advised attempts on the part of certain intellectuals in different parts of the country to deride and abuse everything related to Sanskrit as decadent and caste ridden. While there can be no doubt that the undesirable aspects of any tradition which stand in the way of an egalitarian society have to be discarded by all right-thinking people, the positive sides have to be accepted and incorporated to our life.

It has to be reiterated that the littérateurs who continue to be inspired by Sanskrit may not be scholars in Sanskrit in a strict academic sense. Some of them have studied Sanskrit in the traditional manner sitting under the feet of the teacher, and some of them might have encountered Sanskrit as a subject as a part of their university curriculum. But most of the modern writers have come under the influence of Sanskrit only through secondary sources, especially through translations. The following is an attempt to touch upon some of the most outstanding Sanskrit writings of the post-Independent phase of Malayalam. At the very outset, let me make it clear that no claim is made that this is an exhaustive list. The write-up does not review the influence of Sanskrit on Malayalam in the period preceding the post-colonial phase and consequently has to leave out the names of gifted authors like Kumaran Asan, Vallathol, Ulloor, Sanjayan and the like who have made use of Sanskrit literature extensively, as they come in the pre-modern and pre-Independence phase of Malayalam literature.

It may also be noted that there has been a subtle paradigm shift in the post-colonial period in the contemporary writer's engagement with the past. Sanskrit and ancient Indian culture were looked upon with reverential adulation by nationalist writers during the period of the anti-colonial struggle when Indians felt that their tradition was heavily marginalized in the colonial onslaught. The past was often evoked in their struggle to resist the colonial cultural hegemony imposed by an alien educational system which derided everything indigenous. Understandably, there was an element of idealization and even glorification of the past in the writings belonging to this period. The post-Independence period offers a far more complex scenario: while the political freedom provided scope for projecting the tradition without any sort of cultural inferiority, an inevitable sense of disillusionment often crops up in the psyche of the creative India in its perceptions of missed opportunities and lost dreams. Tradition is adulated still, with great nostalgia, but there has been also a growing tendency to look upon past with a more realistic sense and a readiness to look upon the marginalized elements in the history.

The nostalgic manner in which modern poets look upon Sanskrit can be gleaned from two poems written by the two great poets of the last generation, namely, N.V. Krishna Warrier and Vyloppilli Sreedhara Menon. The first author, the late N.V. Krishna Warrier was a great Sanskrit scholar who studied Sanskrit grammar in the traditional manner and later became one of the *avant-garde* poets of Malayalam. In his poem, titled *Saṁskṛtavijñānam,* the poet likens the Sanskrit language to the eternal Himalaya mountain of the north. According to the poet, the whole of the north would have been a desert scorching under the equatorial Sun if Himalaya's mercy had not flowed as rivers on this earth. It is the glaciers up on that mountain which have nourished the land by metamorphozing as Gaṅgā, Yamunā, Sindhu, Sarayū and countless other rivers. Similarly, it is the Sanskrit language which has protected Indian culture from destruction by preserving the ancient knowledge of the sages. It has remained as the soul of all languages by metamorphosing as Vedas, Itihāsas, Purāṇas, Śāstras, Kāvyas, Stotras and legends.

Equally and even more enchanting is the poem *Saṁskṛtam* by Vyloppilli Sreedhara Menon, a poet of progressive and humanistic ideals. The poet exclaims that the very sound of Sanskrit sends a thrill through him. Sanskrit evokes in his mind the times when *kinnara*s, *vidyādhara*s, *yakṣa*s, *gandharva*s and the like sported on mountains smacking musk and forests lovely with peacocks and rivers flowing like milk. It is the language, which reverberated in India when they played with cowherds playing flutes and courted long-eyed beauties and argued diplomacy with kings and conversed philosophy with sages. The poet says that even if Sanskrit, like the great river Sarasvatī has disappeared from the surface of the land, it is her perennial streams, which go on nourishing India. So far as these streams are not dry, this great land will go on communicating with Heaven even if she is poor and deprived.

It is the great epics of Sanskrit, especially the *Mahābhārata* and the *Rāmāyaṇa*, which have been a source of perennial inspiration to contemporary writers of Malayalam. It is significant that O.V. Vijayan, a contemporary novelist has used the word *itihāsa* itself in the title of his *Khasakkinte Itihāsam* to evoke the epic grandeur of the tale told by him stretching from generations to generations. Kerala's obsession with *Mahābhārata* in recent times begins with the Sahitya Akademi award winning work, *Bharataparyaṭanam* by Kuttikrishna Marar, one of the foremost critics of Malayalam. True to his ideal of criticism epitomized by Anatole France as the exploration of a masterpiece by a great mind, Marar here traverses through the epic in to find out the vision of Vyāsa as reflected in the portrayal of the characters like Bhīṣma, Karṇa, Duryodhana, and the inner significance of various episodes. Marar takes the stand that in the central episode of the epic, wherein Draupadī is derobed and insulted in the assembly, the deafening silence of Yudhiṣṭhira is an unpardonable event from that character, supposed to be the very embodiment of Dharma, born out of weakness. According to Marar, the words of Mārkaṇḍeya, *neśe balasyeti caredadharmam* would exactly mean that whatever being done by a person thinking that he is weak turns to be *adharma*. Marar suggests that this is the spirit of the philosophy of Swami Vivekananda himself and reinforces his interpretation of this episode with the statement of Vidura in the open assembly that Draupadī was not a slave since she was pawned by the king who had lost his own independence. Marar also views *Mahābhārata* as a great humanistic story asserting the futility of war and the strength of love and compassion. A number of poets, notably M.N. Paloor, have written poems on different episodes in *Mahābhārata*. Paloor, for example has written a poem on the famous dialogue between the vulture and the jackal in the *Mahābhārata*.

Marar's creative rereading and daring reinterpretation of *Mahābhārata* has inspired two great novels centred on the theme of the epic in Malayalam. The first one, *Ini Ñan Uraṅṅatte* [*Now let me sleep*] by P.K. Balakrishnan is an ingenious attempt to recast the *Mahābhārata* story around the colourful personality of Draupadī. The flow of narration starts from the guilty conscience of Draupadī, who at the moment of triumph realizes the meaninglessness of the whole struggle and acquires the stature of a tragic figure in the end. The soliloquies of Draupadī and the meetings between

Karṇa and Kuntī, Karṇa and Kṛṣṇa and Karṇa and Bhīṣma reveal the artist in the novelist.

The second novel, written by M.T. Vasudevan Nair, the Jñānapīṭha laureate, symbolically titled *Ranṭāmūḷam* [*The second turn*] is woven around the marginalized character Bhīma, whose turn to be with Draupadī is second to that of Yudhiṣṭhira. Bhīma is the trouble shooter of the Pāṇḍavas who is assigned all the thankless jobs and who does not get any kind words for all his travails. He has to sacrifice even his son in the battle wherein everybody cynically uses him without caring for him. Finally, as the most unkindest cut of all, his identity is revealed when Kuntī tells him that he is the son born to her from a forester and not from the Lord Vāyu as commonly thought. But in the survival for existence, when everybody including Yudhiṣṭhira abandons even the ailing Draupadī, it is Bhīma who takes care of his beloved revealing his honesty and steadfastness.

The epic *Rāmāyaṇa* also has been a source of inspiration for Malayalam literature, especially the Malayalam drama. Kuttikrishna Marar has analysed the character of Rāma in one of his celebrated articles. Marar maintains that contrary to the popular view, Vālmikī has portrayed Rāma with all the weaknesses of ordinary human beings and his forsaking of Sītā shows his preference of power over real love. It is another matter that several years later, Marar wrote another article contradicting himself. However, the fact remains that it was Marar who rekindled interest of the contemporary literature in the epic world.

The most significant works which have been written on the *Rāmāyaṇa* theme are the three dramas consisting of *Sāketam, Laṅkālakṣmī* and *Kāñcanasītā* written by the gifted playwright, C.N. Sreekanthan Nair. Here the dramatist takes up aspects of the *Rāmāyaṇa* story for detailed treatment, giving shape to living characters like Rāma and Rāvaṇa with all their concerns and moral dilemmas reflected in the long arguments. In *Laṅkālakṣmī*, Rāvaṇa is portrayed as a tragic hero, the very personification of pride and valour, not as an embodiment of conventional villainy. He steals Sītā not for the sake of his lust, but as she symbolizes prosperity for him. Rāvaṇa envisions himself as the saviour of a clan in its progress from abject destitution to glory. Both Rāvaṇa and Vibhīṣaṇa have justification for the respective stands taken by them. The latter does not see any virtue in standing for a cause wherein a woman is unjustifiably imprisoned. While Rāvaṇa shows his nobility by spurning the idea of killing Sītā and spares the life of Vibhīṣaṇa also, Vibhīṣaṇa cautions him saying that even for dying, there should be a noble cause worth mentioning. Perhaps the most poignant play from Srikanthan Nair is his *Kāñcanasītā*, which was subsequently made an award winning film by the famous director, Aravindan. This play has an intertextuality stretching up to Bhavabhūti's *Uttara-rāma-carita* and Rāma is interrogated for the harsh treatment meted out to Sītā by him even when he was sure of her chastity. It is Urmilā, a thoroughly marginalized character in *Rāmāyaṇa*, who stands up against Rāma and questions him on his conduct. Rāma explains that a king's path is always hard. Bharata leaves Ayodhyā in protest against Sītā's abandonment. Meanwhile, both Aṣṭāvakra and Vasiṣṭha urge Rāma to remarry so that the rites of the *Aśvamedha* can be completed without any hurdle. Bharata states that if he were Rāma, he would have answered the unjust allegations against Sītā with his sword and threatens to catch hold of the horse at any cost. When they are about to fight the timely arrival of Kauśalyā alone averts the disaster. The unjust killing of Śambūka is another poignant episode in the play, wherein the hapless wife of Śambūka exclaims that the verse *mā niṣāda* is addressed to Rāma. When, finally, as per the wish of Rāma, Sītā is represented through a golden idol, Hanumān sees two idols, a golden ideal of Sītā on one hand and Rāma himself almost metamorphosized into a stony idol on the other.

Of late, there has been a tendency to focus on the marginalized characters of the epic-like Śūrpaṇakhā, Śambūka and the like and to rework on the story from their perspective. The *Rāmāyaṇa* stories written by Sara Joseph, a gifted writer is an attempt in this direction.

Among the classical poets, it is Kālidāsa who has been a perennial source of inspiration to modern Malayalam literature. Kuttikrishna Marar has won the gratitude of all Malayalees by rendering Kālidāsa's works to Malayalam in elegant prose. Marar's another outstanding contribution is his study of *Meghasaṅdeśa,* wherein he maintains that the cloud is only a symbol of the deep erotic feeling in the heart of the Yakṣa, which is universal in its nature. Marar maintains that by portraying the wild erotic exploits of the cloud with different rivers, which, as per the conventions of Sanskrit poetry are the legitimate wives of the ocean, Kālidāsa was suggesting that nobody is free from such vagaries of the mind. By portraying the ideal love of *Yakṣa* and his wife in the second half, the poet reiterates that the ultimate aim of the individual is to attain this ideal by himself. Joseph Mundasseri is another critic who has placed *Meghasaṅdeśa* on a high pedestal by declaring that in the whole arena there is cnly one message poem and that is *Maghasaṅdeśa* alone. All the other message poems are only imitations of the poem as they lack the genuine feelings which make *Maghasaṅdeśa* a real classic. Mundasseri places the *Yakṣa* in the clan of romantic lovers like Orlando, who in Shakespeare's *As You Like it* wanders in the forest chanting the name of Rosalind.

It is interesting to note that Marar and Mundasseri have clashed with each other in their respective assessment of

Śakuntalā. To Marar, the epic *Śakuntalā* and the heroine of Kālidāsa do not offer any comparison since their backgrounds are different. In both the versions, Duṣyanta's character is impeccable. But Mundasseri maintains that the character in the epic is a despotic ruler who is forced to take back his legitimate wife only after the divine intervention. In Kālidāsa's version, Mundasseri maintains that the poet has "whitewashed" the royal character by introducing the curse story. Thus, the contention of the critic is that all great poets are also governed by the canons of the times, Kālidāsa himself not excluded. Mundasseri maintains that against the idealized backdrop of the Sanskrit literature, a work like Śūdraka's *Mṛcchakaṭika* stands apart as a brilliant exception by portraying the life of the common people in a bold, realistic way.

It is the modern critic M.P. Sankunni Nair, through his Sahitya Akademi award winning study, titled *Chatravyam Camaravum* [*The Royal Umbrella and the Chowries*] who has opened up new vistas to the understanding of Kālidāsa. Following the statement of Kālidāsa that King Raghu had given up everything in the sacrifice except his umbrella and the chowries, Sankunni Nair avers that Kālidāsa's poetry represents the royal umbrella and chowries of Indian culture which must not be forsaken even if we forsake everything else. Locating Kālidāsa in the atmosphere of a vibrant city culture of ancient India, Sankunni Nair shows how the notion of an ideal *nāgarika*, imbibed by Kālidāsa from his surroundings is reflected in the characters portrayed by the immortal poet like Duṣyanta, Pururavas, Yakṣa and even Śiva who through the guise of the *brahmacārin* makes gentle fun of his beloved Pārvatī. Sankunni Nair maintains that deeply concerned by the disparity between the ascetic life of the recluses and the life of enjoyment of the people around him, Kālidāsa tried to synthesize these visions through his works. Sankunni Nair places the character of the fisherman in *Śakuntalā* on a high level, describing him as *dharamadhīvara,* who preaches the lofty lessons of *karmayoga* to people around him.

Kālidāsa's life and poetry have inspired several poets to write about him. A memorable poem is by N.V. Krishna Warrier, titled *Kālidāsante Siṁhāsanam* [*The Throne of Kālidāsa*]. Here Kālidāsa is commissioned by King Vikramāditya to go to Mālavā, where his daughter Prabhāvatī is ruling the country for the sake of her young son Pravarasena after the demise of Rudrasena, her husband. The poet is asked by the king to lead the erring young prince to proper path. When Kālidāsa reaches Mālavā on his mission, the prince is engaged in amorous sports with girls in the Narmadā river. The prince, impatient to get on with his exploits haughtily bids the great poet to sit on the floor and asks him as to what is the message of Vikramāditya. Kālidāsa, who was given *ardhāsana* by the king himself, subjects himself to this humiliation silently. Suddenly, the royal mother enters the scene and finding the great poet sitting on the floor prostrates before him in great humility. The prince is taken aback and stands up at this sudden development. The royal mother asks for the golden throne to be brought for the poet. The poet consoles the perturbed son and the embarrassed mother by saying that earth is the most befitting place to sit for poets like him. It is on earth that Mahāmeru and the great oceans rest. The poem concludes with the observation that it is the inner mind of the humanity, which is the most befitting sitting to be offered to the poet who continues to charm generations after generation through the spell of his Muses.

Ujjayinī, the beloved city of Kālidāsa has symbolized Kālidāsa's life and poetry in Malayalam literature. In a long poem of the same name the poet O.N.V. Kurup attempts to portray Kālidāsa as a creative artist who underwent all sorts of traumas and tribulations in the court life of ancient India. The poet here tries to retrieve the real identity of Kālidāsa who in popular imagination is wrongly portrayed as leading a voluptuous life because of his opposition to power. ONV pays tribute to the genius of Kālidāsa through the allusions and undertones suggestive of the original passages of the poet. Another beautiful poem, full of reference of Kālidāsa's works, especially the *Meghasaṅdeśa* is *Ujjayiniyile Rappakalukal* [*The Days and Nights in Ujjain*], an award winning work written by Vishnunarayanan Namboodiri. In this poem, set in Ujjain, the poet considers the rain, which creates a festival in the earth as the bridegroom of the earth. The poet also refers to the cosmic dance of Śiva witnessed by Bhavānī with unblinking eyes. The poem ends with a reference to the conditions of the present times where there is no hope for even a rain, where days have become cruel, the sky grey, and the soil bald and exhorts the rain to come again and bring back the lost glories of the earth. Kālidāsa's *Maghasaṅdeśa* has, again been a source of inspiration for Attoor Ravivarma, who through his *Nagarattile oru Yakṣan* [*A yakṣa in the city*] has given expression to the feelings of a young husband yearning for his wife in the village. Attoor has also portrayed the character of P. Kunhiraman Nair, the legendary poet of modern times, through his *Megharupan* using the rich images of *Meghasaṅdeśa*. Both Ayyappa Panikkar and Vishnunarayanan Namboodiri have made use of the plot of Kālidāsa literature in their poems related to Pururavās and Dilīpa, respectively.

In the arena of literary criticism also, Sanskrit tradition has made great impact on Malayalam literature. Joseph Mundasseri's pioneer work *Kāvyapīṭhikā* is a laudable attempt to compare Indian and Western literary traditions and to bridge the gap between them. Mundasseri asserts that the fundamental principles of literature and other arts will be the same everywhere. The work is divided into 12 chapters titled the Art of Literature, Genius, Beauty, Rasa, Pathos, Character, Dhvani, Aucitya, Rīti, Alaṅkāra, Vṛtta, and Bhāṣā. Mundasseri, true to his concern towards literature as an expression of life interprets Bharata as advocating the importance of the portrayal of human life in poetry. Citing Kālidāsa, he says that through the lines :

> *prāptāni duḥkkhanyāpi ḍaṇḍakeṣu* ।
> *sañcintyamanāni sukhānyabhuvan* ॥
> Even the woes endured in the Daṇḍaka forest
> Contemplated became pleasure pure.

Kālidāsa was referring to the power of universalization inherent in art by means of which the contemplation of the past woes become a source of happiness for Sītā and Rāma. Mundasseri also maintains that Bharata's focusing on the *rasa* resulted in the relegation of the character to the background in the Indian tradition, whereas post-Aristotle thinkers of the West reversed the trend by regarding characterization as more important than the plot. Mundasseri also links Rasa with the poetics of Aristotle and the propriety of the author with the ethics of the reader.

Comparative poetics has emerged as a fertile field of recent times. Professor M.P. Sankunni Nair once remarked that at least now Abhinavagupta and others could be mentioned along with the company of I.A. Richards and the like — something unimaginable in colonial times. Professor Ayyappa Panikkar's works on narratology and Indian traditions of poetics are significant attempts to bridge the gap between Indian and Western traditions. Scholars like Prof. M.P. Sankunni Nair, Prof. Sukumar Azhicode and Prof. Chathanath Achyutan Unni have subjected many key concepts of classical criticism to innovative reinterpretations. Two of the award-winning works of the present author, *Pathavum Porulum,* and *Tāratamyakāvya-śāstram* are other humble attempts in this direction.

To sum up, Sanskrit literature has remained as a constant source of reference and inspiration to the present literary world of Malayalam. Even when its influence is not manifest, it has, as pointed out earlier, acted like an *antarvāhinī,* a hidden river, providing nourishment to the literary landscape.

12

Relationship Between Sanskrit and Tamil Grammars*

K. Meenakshi

ENQUIRY into the relationship between Sanskrit and Tamil grammars has drawn the attention of quite a few scholars — Indian and Western. Divergent views proposing Sanskrit sources for even earliest extant Tamil grammar, viz. *Tolkāppiyam* and vice versa have been expressed by a few scholars in the past. Pointing out some parallelisms between the grammars of Tamil and Sanskrit means nothing because the similarities in these two grammars need not necessarily point to the borrower and borowee relationship. All the natural languages of the world have certain universals. In addition, the languages will have some specific features. Therefore, a comparative study of the two grammars is to be attempted keeping the following in mind:

1. What kind of similarities are there between Tamil and Sanskrit grammars.
2. In what areas do these grammars show parallelism.
3. Do they show independence in treatment of any linguistic feature, and

---

* Paper originally published in *The Journal of Oriental Research*, KSRI, Madras (vols. LXXI-LXXIII), 2004.

4. How does one account for the similarities and dissimilarities in the grammars under review.

If these points are kept in mind while attempting a comparative study, the findings may result to the satisfaction of all scholars.

A systematic study of individual grammar should precede a study of comparative nature. A comparative study of *Tolkāppiyam* and *Aṣṭādhyāyī* on these lines was made by me. It has been pointed out, in this study, that the number of dissimilarities are rather more than the similarities observed in these two grammars and the method adopted to describe their languages also differs greatly in *Tolkāppiyam* and *Aṣṭādhyāyī*.

All Tamil grammarians do not seem to have been influenced by Sanskrit grammars. Some Tamil grammarians do adopt Sanskrit method while describing Tamil language. At the same time one can also notice a number of Tamil grammarians who do not slavishly follow, Sanskrit methodology, even though they are endowed of a profound scholarship in Sanskrit grammars and literature.

In a comparative study of Sanskrit and Tamil grammars the following facts are to be considered in detail:

1. Feasibility,
2. Motivation, and
3. The manner in which Sanskrit model has been adopted in the description of Tamil.

A Brief Outline of Sanskrit and Tamil Grammatical Tradition

SANSKRIT GRAMMATICAL TRADITION

Grammar is considered as the first and foremost of all the sciences by Sanskrit tradition. According to Ānandavardhana, the grammarians are the foremost scholars, because grammar constitutes the foundation of all sciences (*Dhvanyāloka* 1.16).

He openly admits that his *dhvani* theory is based on the teachings of Sanskrit grammarians (*Dhv.* III.33).

The beginnings of the studies of grammatical nature may be found in the phonetic observations of the Vedic people. The upper limit of Sanskrit phonetic literature may go as far back as 800-700 BCE, i.e. the period of *Aitareya Āraṇyaka*. The next stage is marked by the etymological studies such as Yāska's *Nirukta*. Grammatical analysis as such is found for the first time in Pāṇini's monumental work, *Aṣṭādhyāyī*, though Pāṇini himself mentions a few names of his predecessors. The successive grammatical schools may broadly be classified into two — Pāṇinian and non-Pāṇinian. Even the grammarians, said to be belonging to non-Pāṇinian school of grammar appear to have been influenced to a great extent by Pāṇini's grammar, irrespective of the faith they belong to.

Pāṇini's grammar seems to have formed the basis for writing grammars in Sanskrit though with some alterations such as omission (as in the Buddhist and Jaina grammars in which Vedic rules of Pāṇini are totally omitted), simplification (e.g. *Kātantra Vyākaraṇa*), recasting (*Kaumudī*s) and so on.

Prakrit grammars also are no exception to this general trend. They also follow slavishly the method of Pāṇini's grammar because they are guided by the view that Prakrit is derived from Sanskrit.

All the literary languages belonging to the family of Draviḍian (with the exception of *Tolkāppiyam*, the oldest grammar of Tamil) also either follow Sanskrit model or translate Sanskrit grammars into their respective languages in the early stages.

Pāṇinian School

Aṣṭādhyāyī of Pāṇini — fifth or fourth century BCE

Kātyāyana's *Vārttika* — third century BCE

Patañjali's *Mahābhāṣya* — second century BCE

Kāśikāvṛtti of Vāmana — seventh century CE and Jayāditya

Bhartṛhari's/*Vākyapadīya* — seventh century CE (Philosophy of language)

Kātantra Vyākaraṇa of Sarvavarman — first century BCE

Recasting of Aṣṭādhyāyī: Pāṇinian *sūtra*s are rearranged topic-wise in the *Kaumudī*s in order that it could be understood easily by all, unlike Pāṇini's grammar which is termed as "grammarian's grammar".

Prakriyā Kaumudī of Rāmacandra assigned to the first half of the fifteenth century CE is believed to be the first work of this kind. The *Prakriyā Kaumudī* is supposed to have been the model for Bhaṭṭoji Dīkṣita's *Siddhānta Kaumudī* some time around CE 1630. He himself wrote a commentary on his work, called *Prauḍhamanoramā.*

Abridgement of *Siddhānta Kaumudī* :

Madhya Siddhānta Kaumudī
Laghu Siddhānta Kaumudī
Sāra Siddhānta Kaumudī
} by Varadarāja

Kātantra Vyākaraṇa of Sarvavarman (a Buddhist scholar) assigned to the first century BCE is designed mainly to appeal to the masses. Prior to this work, the grammars were intended for scholars. Its object is to say what is sufficient for proper understanding of language. The author has simply omitted the whole of *Vaidikī Prakriyā* of Pāṇini's *Aṣṭādhyāyī.* He has only simplified Pāṇini's grammar.

Buddhist Grammatical Texts: *Cāndravyākaraṇa* of Candragomin (fifth or sixth century CE) is supposed to be an improvement on Pāṇini's grammar. Accordingly he has omitted, for obvious reasons, the Vedic rules of Pāṇini's *Aṣṭādhyāyī.* It contains 3000 *sūtra*s against Pāṇini's 4000 *sūtra*s. Its technical terms with slight changes are that of Pāṇini. It is not totally independent of Pāṇini in the mode of presentation of the material.

Jaina School: *Jainendra Vyākaraṇa* of Devanandin *alias* Pūjyapāda (fifth century CE) is nothing but *Aṣṭādhyāyī* of Pāṇini and the *Vārttikas* of Kātyāyana condensed as much as possible. The *pratyāhāras* of Pāṇini are retained without change. The fourteen Śivasūtras together with the section on Vedic grammar are omitted. Two recensions of this grammar are available, short and long. Short one consists of 3000 *sūtras* and the long one consists of 3700 *sūtras*, i.e. over 700 *sūtras* not found in shorter one.

Śākaṭāyana Vyākaraṇa: It is attributed to Śākaṭāyana. It is supposed to have been written during the period of reign of Amoghavarṣa I (CE 814–877). He had drawn from *Aṣṭādhyāyī*, *Vārttika*, *Mahābhāṣya* and also *Cāndravyākaraṇa*. It consists of four *adhyāyas* of four *pādas* each and the total number of *sūtras* is 3200. The arrangement of the subject matter is similar to that of the *Kaumudīs*. He does not, of course, treat of Vedic grammar.

Siddhahemacandra or *Haimavyākaraṇa* attributed to Hemacandra is assigned to twelfth century CE. It consists of eight *adhyāyas* of four *pādas* each like that of Pāṇini's *Aṣṭādhyāyī*. Total number of *sūtras* found in this text is 4500. Nearly one fourth of these *sūtras* occurring in the last *adhyāya* alone treat of Prakrit languages flourishing at that time. The arrangement of *sūtras* in the remaining *adhyāyas* is similar to that of *Kaumudīs* with slight variations here and there. Since the grammar is meant for the Jainas, naturally, the Vedic language and the accentual system have been omitted.

Prakrit Grammars

Pāṇini's method has been taken over by the Prakrit grammarians too. As it was generally believed that Prakrit was derived from Sanskrit, Prakrit grammars appear to be a continuation of Sanskrit grammar. The oldest Prakrit grammar is *Prākr̥taprakāśa* of Vararūci, the date of which is still disputed. *Prākr̥talakṣaṇa* of Candra (a Jaina) is also considered as the oldest. However its date also is uncertain. Trivikrama wrote a Prakrit grammar *Prākr̥taśabdānuśāsana* and its commentary in the thirteenth century CE *Prākr̥tasarvasva* of Mārkaṇḍeya Kavīndra and *Prakrita Kalpataru* of Rāmatarkavāgīśa are assigned to seventeenth century CE. These two grammars are important inasmuch as they deal with Prakrit dialects not mentioned by other grammarians. Puruṣottama is the author of *Prākr̥tānuśāsana* assigned to eleventh or twelfth century CE.

Pāli Grammar

The oldest of the extant Pāli grammar is the *Kaccāyanappakaraṇa*, the grammar of Kaccāyana. He differs from the Prakrit grammarians inasmuch as in treating Pāli as an independent language, not derived from Sanskrit, although he adopts the technical terms of Sanskrit grammars and has formed his *sūtra*s on their model. His arrangement of the *sūtra*s is topicwise.

The above-mentioned grammatical texts are by no means exhaustive and are only a few representative texts. One can observe that no grammar whether Sanskrit, Prakrit or Pāli is totally independent of Pāṇini. It reflects the trend that Pāṇini was considered as model grammarian and his grammar, viz. *Aṣṭādhyāyī* was an ideal grammar to be followed. In other words, Pāṇini was totally identified with the grammar by the tradition. He was considered as a trendsetter so to say for writing grammars in any Indo-Aryan (old or Middle) language.

TAMIL GRAMMATICAL TRADITION

Tamil grammatical tradition can be classified into two, viz. (1) *Tolkāppiyam* tradition or pure Tamil tradition, and (2) non-*Tolkāppiyam* tradition. The following list provides a few representative Tamil grammatical texts.

I. *Tolkāppiyam Tradition*

1.	*Tolkāppiyam*	150 BCE to second century CE
	Commentaries on *Tolkāppiyam*:	
	Ilampūraṇar	twelfth century CE
	Cēṉānavaraiyar	2nd half of the thirteenth century CE
	Perāciriyar	thirteenth century CE
	Nacciṉārkkiṉiyar Unknown Commentator	fourteenth century CE
	Kallāṭar	fifteenth century CE
	Teyvaccilaiyār	seventeenth century CE
2.	*Naṉṉūl*	thirteenth century CE
3.	*Nemināṭam*	fifteenthy century CE

II. ***Non-Tolkāppiyam Tradition.*** This Leans on Sanskrit Model

1.	*Vīracōḷīyam*	eleventh century CE
2.	*Pirayokavivekam*	seventeenth century CE
3.	*Ilakkaṇakkottu*	seventeenth century CE

A. Velupillai, in his article "Viracoḷiyam as a grammar of Inscriptional Tamil" classifies Tamil grammarians and commentators into three groups. They are —

1. Accepting Tolkāppiyar's grammar as pure Tamil tradition, those who write Tamil grammar on the basis of it, and introduce new ideas in contexts in which they are found necessary. The following grammarians and commentators fall under this group:

Grammarian	*Commentator*
Pavananti (*Nannūl*)	Iḷampūraṇar
	Naccinārkkiniyar
Kuṇavīrapaṇṭitar (*Nemінātam*)	Mailaінātar
Vaittiyanātatēcikar (*Ilakkaṇaviḷakkam*)	

2. Those who accept *Tolkāppiyam* and *Nannūl* as representative of pure Tamil tradition and also attempt to introduce Sanskrit grammatical theories the maximum.

Grammarian	*Commentator*
Cuvāminata Tēcikar (*Ilakkaṇakkottu*)	Cenāvaraiyar
	Caṅkaranamacivāyar
	Civañāna munivar

3. Those who describe Tamil on the model of Sanskrit grammar insisting that there is only one and the same grammar for both Tamil and Sanskrit.

Grammarian	*Commentator*
Puttamittiranār (*Vīracōḻīyam*)	Peruntevanār
Cuppiramaṇiya Tēcikar (*Pirayokavivekam*)	

Velupillai classifies Tamil grammars and their commentators on the basis of the amount of influence of Sanskrit grammatical theories. Accordingly, the four grammatical texts, viz. *Tolkāppiyam, Nannūl, Nemінātam* and *Ilakkaṇaviḷakkam* and the commentators Iḷampūraṇar, Naccinārkkiniyar and Mayilaінātar are grouped together as they stick to pure Tamil grammatical tradition. The second group of grammarians and their commentators are those who introduce Sanskrit grammatical theories into their Tamil grammars while accepting *Tolkāppiyam, Naṉṉūl* tradition. The third group of grammarians refuse to accept Tolkāppiyam tradition and they write their grammars on Sanskrit model, as they believe that there cannot be a separate grammar for Tamil, that is, the third group totally rejects Tolkāppiyam tradition. Veluppillai's classification reflects the evolution of Tamil grammatical tradition as forming into two main division — viz. (1) Tolkāppiyam tradition headed by *Tolkāppiyam,* and (2) Vīracōḻīyam tradition headed by *Vīracōḻīyam.*

Tolkāppiyam Tradition

(i) *Tolkāppiyam*: *Tolkāppiyam* (*Tol.*) the earliest extant grammar, in Tamil, contains three *atikārams* or sections, viz. Eḻuttu, Coḷ, and Poruḷ. Each *atikāram* is again subdivided into nine *iyal*s and its total number of *sūtra*s are 1400. Almost all Tamil grammarians appear to have been well-versed in Sanskrit as well. Tolkāppiyar's knowledge of Sanskrit can be discerned from the rules in *Tol.* itself. For instance in the Eḻuttatikāram, we can find the following *nūṟpā (Tol.* Eḻut. 102-03):

ellā-veḻuttum veḷippaṭakkiḷanta
colliya paḷḷi yeḻutaru vaḷiyiṉ
piṟappoṭu viṭuvaḷi uṟaḻcci vārat
takatteḻu vaḷiyicai ariltapanāṭi
aḷapiṟkōṭal antaṇar maraitte
aḥtivaṇ nuvalā teḻuntupuratticaikkum
meyteri vaḷiyicai aḷavu nuvaṉricine

> The nature of the origin of the air which starts from navel and the modifications which it undergoes before it comes out as an articulated sound and of its quantity therein is clearly discussed in the scriptures of brāhmaṇas.
>
> I have here mentioned only about the quantity of the articulated sounds without mentioning anything about what is mentioned in detail in the scriptures of brāhmaṇas.

P.S.S. Sastri in his pioneering work, *History of Grammatical Theories in Tamil* (pp. 9-10) says "that the theory of speech sounds and modifications which sound undergoes within the body may be learnt from the scriptures of the Brāhmaṇas and that he had dealt with here only the articulatory speech sounds that come out of the mouth. Here it is evident that he refers to the four phases of speech sound, *parā, paśyantī, madhyamā* and *vaikharī* described in Sanskrit grammars."

He points out in these two *sūtra*s how his approach differs from that of Sanskrit *Prātiśākhya*s, which in turn shows his familiarity with Sanskrit grammatical texts, and nothing more than that.

He includes *vaṭacol* (Sanskrit or Prakrit) too when he enumerates the words which are used in *ceyyuḷ* (poetry) (*Toḷ*. Coḷ. 397). He also prescribes a rule about how *vaṭacol* should be used in *ceyyuḷ*, i.e. after Tamilization (401-02).

(ii) *Naṉṉūl*: Pavaṇanti, a brāhmaṇa by birth but follower of Jaina faith, wrote the grammatical text *Naṉṉūl*. Tradition goes that the then ruler Ciyakaṅkaṉ requested Pavaṇanti to write a simple Tamil grammar so as to enable even ordinary people to understand it unlike *Tol*. which was intended for the scholars. The *Naṉṉūl* is said to be a simplified grammar of Tamil. The Eḻuttatikāram and Collatikāram of *Naṉṉūl* together consist of only five *iyal*s each and the total number of *sūtra*s in this text is 464. Influx of large number of words of Sanskrit origin can be noticed by the time this work was compiled. Pavaṇanti, the author of *Naṉṉūl* accounts for the Sanskrit loans by formulating rules stating the common letters found in Sanskrit and Tamil and the special letters of Sanskrit loans and how they should be Tamilized. For instance, in *Naṉṉūl* 146 he lists these letters:

iṭaiyil nāṉkum īṟṟil iraṇṭum
allāvaccai varukkamutalīṟu

yavvādi nāṉmai ḷavvākumaiya yaiyam
potuveḻuttut tollinta nālēḻyum tiriyum.

Letters Common to Sanskrit and Tamil

a, ā, i, ī, u, ū, ē, ai, ō and au = 10
k, ṅ, c, ñ, ṭ, ṇ, t, n, p, m, y, r, l, v, ḷ = 15

Special Tamil Letters

ḻ, ṟ and ṉ, e and o = 5 letters

Special Letters to Sanskrit

kh, g, gh	
ch, j, jh	
ṭ, ḍ, ḍh	
th, d, dh	
ph, b, bh	= 15 letters
ś, ṣ, s	= 3 sibilants
h	= 1 aspirate
kṣ, jñ	= consonant cluster
jihvāmūlīya	= one
upadhmānīya	= one

The letters common to both Tamil and Sanskrit will remain unchanged when the words of Sanskrit origin are used in Tamil and the special letters of Sanskrit undergo changes, i.e. they will be Tamilized; the former is called *tarcamam* (= Skt. *tatsama*), e.g. *amalam, karaṇam,* etc. and the latter called *tarpavam* (= Skt. *tadbhava*) are nativized, e.g. *sukhī* (Skt.) becomes *cuki* in Tamil. The following *sūtra* states how these changes are carried out (*Nan*.147):

avaṟṟuḷ
ēḻām uyir iyyum iruvum aivarukkattu
iṭaiyil mūṉṟum avvum mutalum
eṭṭē y avvum muppatu cayavum
mīloṉṟu caṭavum iraṇṭu catavum

mūṉṟē yakavum aintiru kavvum
āvīraiyum īyīrikaramum
ṛ → *iy, iru.,* e.g. *ṛṣabha* → *iṭapam; vṛddhi* → *viruttam*

The middle letters of each *varga* will be changed to the first letter of each *varga,* e.g. *nakham* → *nakam, nāga* → *nākam, megha* → *mekam* and so on.

j	→	y e.g.	*jamadagni*	→	*yamatakni*
ś	→	c e.g.	*śaṅkara*	→	*caṅkaran*
ś	→	y e.g.	*deśa*	→	*teyam*
ṣ	→	c e.g.	*ṣaṇmukham*	→	*caṇmukam*
ṣ	→	ṭ e.g.	*viṣaya*	→	*viṭaya*
s	→	c e.g.	*sabhā*	→	*capai*
h	→	a e.g.	*hari*	→	*ari*
			hima	→	*imam*
			hema	→	*ēmam*
kṣ	→	kk e.g.	*pakṣa*	→	*pakkam*
ā	→	ai e.g.	*mālā*	→	*mālai*
ī	→	i e.g.	*purī*	→	*puri*

One of the *iyal*s in *Naṉṉūl* is named as *pataviyal.* The word *patam* is a loan from Sanskrit *pada.*

Coming to *sandhi,* Pavaṇanti states that the Sanskrit loans retain the *sandhi* processes of their parent language such as *guṇa, vṛddhi sandhi*s *(Naṉ.* 239), e.g.:

pāta + kamalam	=	*pātakamalam* (no doubling of the initial plosive of the following word as in Tamil)
pāta + ampujam	=	*pātāmpujam* (*dīrghasandhi*).
kavi + intiran	=	*kavīntiran*
tēva + intiraṉ	=	*tēvēntiraṉ* (*guṇasandhi*)
carva + aicvariyam	=	*carvaicvariyam* (*vṛddhisandhi*)

Thus, one may conclude, that Pavaṇanti, the author of *Naṉṉūl* accounts for the presence of Sanskrit loans at the same time sticking to pure Tamil grammatical tradition represented by Tolkāppiyar. His *nūṟpā*s reflect his sound scholarship in Sanskrit as well. His rules cover both the words of Sanskrit origin and the Tamil tradition which is normally expected of a grammarian, thereby he established himself to be a great grammarian. No wonder his grammar became very popular.

Some grammarians introduce a new approach on the model of Sanskrit grammatical tradition discarding Tolkāppiyar's model. This trend can clearly be noticed in the grammar of *Vīracōḻiyam, Pirayokavivekam* and *Ilakkaṇakkottu* the three grammatical texts the followers of *Vīracōḻiyam* tradition.

Vīracōḻīyam Tradition

(i) *Vīracōḻīyam*: *Vīracōḻīyam* (*VC*), a eleventh-century CE Tamil grammatical text was written by a Buddhist scholar named Puttamittiraṉār. The commentary on this grammar was written by Peruntēvaṉār who was also a follower of Buddhism.

VC consists of five sections, viz. (1) Eḻuttatikāram, (2) Collatikāram, (3) Poruḷatikāram, (4) Yāppatikāram, and (5) Alaṅkāram. These sections are further subdivided into *paṭalams*. The first section consists of only one *paṭalam,* viz. Cantippaṭalam. The second section, Collatikāram contains the following *paṭalams,* viz. (i) Veṟṟumaippaṭalam, (ii) Upakārakappaṭalam, (iii) Tattitappaṭalam, (iv) Tātuppaṭalam, and (v) Kiriyāpatappaṭalam. The last three *atikārams* consist of only one *paṭalam* each. *VC* contains 181 verses composed in *Kaṭṭaḷaikkalitturai* metre. One can notice in the name of sub-sections of *VC*, the Sanskrit technical terms such as *upakāraka, taddhita, dhātu* and *kriyā.*

VC has the claim of being the first of its kind in several aspects. *VC* was the first grammatical text in which Sanskrit model is introduced in the description of Tamil language; it was also the first text to be named after its patron, viz. Vīrarājendra Cōḻaṉ (CE 1063-70). It was also the first grammatical work in the tradition of five *lakṣaṇa*s. (Tamil-

aintilakkaṇanūl), viz. *eḻuttu, coḷ, poruḷ, yāppu* and *alaṅkāram*. *Nēminātam, Naṉṉūl, Pirayokavivekam, Ilakkaṇakkottu, Muttuvīriyam, Cuvāminātam*, etc., describe only *eḻuttu* and *col* following the Sanskrit tradition in which, Ālaṅkāra-Śāstra forms a separate branch of study.

Cantippaṭalam, as its name indicates, deals with *sandhi* or *puṇarcci*. The names of speech sounds, their classification, distribution-production processes are discussed in this section. Here, the author includes the Sanskrit technical terms such as *lopa* (*ulopam*), *āgama* (*ākamam*), *ādeśa* (*ātēcam*) in addition to morphophonemic (*puṇarcci*) of Tamil. Sanskrit *guṇasandhi* (Ta. *kuṇam*), *vṛddhi* (Ta. *virutti*) letters are also mentioned (*VC* 12). He states *na* as the negative prefix and its positional variants in *nūṟpā* 11, e.g. *na nātaṉ = anātaṉ*. Here *na* becomes *a* before a word with initial consonant, *na + ucitam = anucitam-na* becomes *an* before a word beginning with a vowel. Sanskrit scholars may notice that it is exactly the same as in Sanskrit. Illustrations also are words of Sanskrit origin: *potam (budh*, Skt.) for *guṇa; tācarati* (*daśaratha*) for *vṛddhi sandhi* are cited as examples; *vācam* (*vaś*) is *tātuppeyar (toḻiṟpeyar* in Tamil). All these examples are Sanskrit loans. *VC* restricts *guṇa* and *vṛddhi sandhi*s to only *tātu* and *tattitam*.

Collatikāram, as mentioned earlier consists of six *paṭalam*s out of which four are named after Sanskrit technical terms. The author differentiates Tamil *veṟṟumai* from that of Sanskrit *kāraka*. *Veṟṟumai* is said to be eight in number and *kāraka*s are six, viz. *karuttā, karumam, karaṇa, kōḻi, avati* and *ātāra*. Here the names of Pāṇini's *kāraka*s are given in Tamilized forms except *kōḻi* for which Pāṇini gives the same *sampradāna*. The author of *VC* names it as the receiver or beneficiary as the modern case grammarians do.

While enumerating *kārakapaṭa*s, Puttamittiraṇār states that Tamil has 64 *kāraka paṭa*s (8 *veṟṟumai* × 8 kinds of *peyarccol*) whereas Sanskrit has 63 (3 genders × 7 cases × 3 numbers) (*VC* 31 and 32). He assigns *cu* to the nominative singular on the model of Sanskrit grammars in which *su* the nominative singular marker is added to a *prātipadika* and then deleted from Pāṇini's *Aṣṭādhyāyī* onwards. Following Sanskrit grammatical method, he assigns case markers which are referred to by numericals excepting the first case which he calls as *āti* (Skt. *ādi*) which corresponds to Tamil grammar's *mutalām vēṟṟumai* or *eḻuvāy*, "the first," "beginning." Puttamittiraṉār admits that these are the words of Sanskrit grammarians : *vaṭanūṟ pulavar tam vāymoḻiyē* (*VC* 43).

Tokaippaṭalam (3rd section) is concerned with the compounds. The Sanskrit compounds are said to be six, viz. (1) *tarpuruṭan* (Skt. *tatpuruṣa*), (2) *palanel* (Skt. *bahuvrīhi*), (3) *kaṉmatārayaṉ* (Skt. *karmadhāraya*), (4) *tuviku* (Skt. *dvigu*), (5) *tuvantam* (Skt. *dvandva*), and (6) *avviyapāva* (Skt. *avyayībhāva*). Tamil compounds are: (i) *veṟṟumaittokai,* (ii) *ummaittokai,* (iii) *viṉaittokai,* (iv) *paṇpu,* (v) *uvamai,* and (vi) *aṉmoḻittokai.* The illustration for all these compounds (whether Sanskrit or Tamil) are only from Tamil.

Tattitappaṭalam (4th section) speaks of *taddhitas.* The author of *VC* names all words derived from a nominal — a noun or participle as *tattitam* though Tamil grammarians do not call them as *tattitam.* He lists all the suffixes which are used to generate nominals and also mentions the relationship denoted by them in the same manner as the Sanskrit grammarians do.

VC (57 and 59) speak of the changes undergone by the Sanskrit loans when used in Tamil as is done by the author of *Naṉṉūl.*

Tātu and *kiriyāpaṭalam* deal with the verbs. The author (*VC* 60) states that the verbs in Tamil should be formed as in Sanskrit. For instance *naṭa* "to walk" should be formed as *cara* to walk in Sanskrit.

(ii) *Pirayokavivekam*: Cuppiramaṇiya Tēcikar wrote *Pirayokavivekam* (*PV*) in the seventeenth century CE. It is in the form of *kārikai* and is composed in the *Kaṭṭaḷai kalitturai*. It consists of 51 *kārikais*. This work is divided into 4 *paṭalams*, viz. (1) Kārakappaṭalam, (2) Camācappaṭalam, (3) Tattitappaṭalam, and (4) Tiṅṅuppaṭalam. All the names of these four *paṭalams* are Sanskrit technical terms.

The author uses mainly Sanskrit technical terms with less number of Tamil grammatical terms in the description of Tamil in the text. At times the author makes use of both Sanskrit and Tamil terms side by side: e.g. *iraccuvam* (*hrasva*) = *kuṟil*, *tīrkkam* (*dīrgha*) = *neṭil*. The examples given as illustrations also are mostly *taṟcamam* and *taṟpavam* words. He is of the opinion that there cannot be a separate grammar for Tamil and Sanskrit. The purpose of writing this grammar, according to the author is to impress upon the readers that the grammars of Sanskrit and Tamil can only be one; the difference being only in their names and the *samjñās*. This is precisely the reason behind his naming of *paṭalams* and also the illustration of *taṟpavam* and *taṟcamam* words. The usage of terms such as *cakārārttatirutīyai*, *tātarttiye caturti* in the grammar proves beyond doubt that *PV* was written only for those who are familiar with Sanskrit grammars.

Ilakkaṇakkottu

Ilakkaṇakkottu (*IK*) was written by Cāmināta Tēcikar in seventeenth century CE. *Collatikāram* consists of 3 *iyal*s — (1) Vēṟṟumaiiyal, (2) Viṉaiyiyal, and (3) Oliyiyal and total number of *nūṟpās* are 131. The author of *IK* holds, (4) the same view as that of *PV* in that the languages Sanskrit and Tamil can have only one and the same grammar and not separate grammar.

Rules are formulated for both Tamil and Sanskrit and the author states that those rules which do not cover the Tamil language should be understood that they are meant for Sanskrit. He follows the method of *Naṉṉūl* regarding nativization of Sanskrit loans. He openly admits that it is essential to have a fair knowledge of Sanskrit grammar to understand his grammar in addition to Tamil grammar (*IK* 7): *tamiḻviti vallarāy vaṭamoḻi viticila aṟintavarkkē innūlām eṉka.*

He himself wrote a commentary on his grammar like the later Sanskrit grammarians.

We have given some suggestions earlier to make a comparative study of Sanskrit and Tamil grammar — viz. feasibility, motivation and the manner in which Sanskrit methods are applied for writing Tamil grammars. As stated earlier, certain grammars written after *VC* follow Sanskrit model, drifting away from the Tamil tradition. Therefore, if we analyse the *VC* which introduces Sanskrit model and sets up the trend for adapting Sanskrit methodology, we would be in a position to answer some of the questions raised, if not all, because man is the product of his age and so there will be a difference between the society reflected during the period of *VC* and *PV* and *IK*.

The motive of the author of *VC* has been clearly stated in the *pāyiram* 3 by the author. Main purpose of writing this grammar is to introduce Sanskrit grammatical tradition into Tamil. He has done so in the following manner:

(i) Introducing Sanskrit technical terms.
(ii) Including the description of Sanskrit word-Kolkata formation.
(iii) Applying Sanskrit grammatical principles.

Introducing Sanskrit Technical Terms

The author has introduced about 50 technical terms of Sanskrit, e.g. *taddhita, dhātukāraka, tatpuruṣa, pratyaya* and so on. The use of Sanskrit technical terms is not found to be apt in all cases. For instance, the *tumanta, tuvanta, cantirānta* (Skt. *tumun, ktvā, śatṛ*, respectively are used as the *kṛt pratyayas* — *tumun* is the infinitive suffix — *tum*, *ktvā* (= *tvā*) is used to generate absolutives or gerunds and *śatṛ* — a *sārvadhātuka* affix — *a*(*n*)*t* — to generate active present participle. These affixes are found at the final position of a finished word in Sanskrit as *kartum, ktvā, gacchat/gacchant,* etc. They correspond to the *eccams* of Tamil such as *ceya, ceytu, ceyta* and so on. Tolkāppiyar enumerates them as the patterns for the verbal participles and the relative participle (*viṉaiyeccam* and *peyar eccam*). It would have been much more clearer if the author of *VC* had adopted this pattern instead of Sanskrit technical terms.

Thus the use of Sanskrit technical terms do not serve any purpose as they are found inapropriate.

Including the Description of Sanskrit Word-Formation

(a) Classification and description of Sanskrit *sandhis* (*VC* 11 and 12).
(b) Classification of Sanskrit compounds (*VC* 45-49)
(c) *Kārakas* (*VC* 29)
(d) Enumeration of *kārakapadas* (*VC* 32)
(e) Description of the formation of verbs from a *dhātu.*

Derivation of the Sanskrit words are not explained properly excepting perhaps in a few cases. For instance, the author says, that the *kārakapadas* in Sanskrit are 63. Pāṇini or his successors do not mention the number of case markers. Pāṇini (4.1.2.) simply lists the basic case markers numbering 21, which are added directly to consonant ending nominals. These suffixes generally, undergo changes when they are added to vowel ending nominal stems which are mentioned in the substitution rules. However, one may mention here that the productive case markers are only 14 in Sanskrit:

mas. fem. sing. — *s(u), am, ā, e, as, i*
mas. fem. dual. — *au, bhyām, os*
mas. fem. plur. — *as, bhis, bhyas, ām, su.*

One cannot arrive at 63 markers in Sanskrit by any calculation. Puttamittiraṉār, the author of *VC*, enumerates the case suffixes in Tamil as 64 applying the same principle which appears to be incorrect. It may be noted that Tamil case suffixes are added directly to noun without any modification. One fails to understand why and how the author of *VC* arrives at 63 and 64 as *kārakapatas* respectively for Sanskrit and Tamil.

Applying Sanskrit Principles to Derive Tamil Words

(a) Mention of *cu* as the nominative singular and plural in Tamil (*VC* 33), *taddhita* suffixes (66) and time denoting suffix (52). He deletes *cu* as in Sanskrit grammar.

(b) Taking tense and gender-number marker of Tamil as one unit on the analogy of Sanskrit *tiṅ* (73-78). — *s*(*u*) is the nominative singular marker in Sanskrit. Case markers are added to a stem (*prātipadika*). A word has been defined as "a linguistic expression ending in a case-marker or a personal termination" (Pāṇini 1.4.4., *suptiṅantam padam*). A consonant ending stem generally drops the suffix -*s*(*u*) as no consonant occurs at the final position in Sanskrit as a general rule. Similarly -*s*(*u*) is dropped when added to feminine stem ending *ī* in for *ā* (Pā. 6.1.88) and also after the neuter nominal stem (Pā. 7.1.23).

marut+s	=	marut+Ø	→	marut
kumarī+s	=	kumarī+Ø	→	kumarī
khaṭvā+s	=	khaṭvā+Ø	→	khaṭvā
vārī+s (u)	=	vārī+Ø	→	vāri
vāri+am	=	vāri+Ø	→	vāri

The author of *VC* posits *cu* as the marker for singular and plural and deletes it afterwards. There is no need for such a rule because Tamil nouns do not distinguish between a stem and a noun. It may be mentioned that the suffix *-s(u)* is not deleted everywhere in Sanskrit except a few cases mentioned above. For instance, *hariḥ, rāmaḥ.* (Nom. sing.), etc. in which -*s* is not deleted.

He posits *cu* as time denoting and *taddhita* affix and then deletes it. It appears that there is some misunderstanding here. The author posits *cu* and deletes it wherever there is absence of a suffix. In other words, according to him *cu* is equivalent to zero. But Sanskrit *-s(u)* is not similar to Tamil *cu* posited by the author of *VC* We may quote one example of Pāṇini's zero. The conjugational sign (*vikaraṇa*) of the *adādi* group is said to be zero. Here Pāṇini posits zero in order to account for the absence of conjugational sign. Consider the following:

pac + a + ti = pacati
ad + Ø + ti = atti

The author of *VC* posits the suffix *cu* in unrelated contexts on the analogy of Sanskrit *adādi* class and deletes it. Similarly he considers the terminations of Sanskrit verb, viz. *tiṅ* as identical with the tense and personal termination of Tamil. There he commits the mistake of wrong segmentation of Tamil verb as *tāṉ, tōm,* etc. which should be *t+āṉ* or *t+ōm.*

The above discussion shows that the author of *VC* has failed to describe Tamil in proper perspective by adopting Sanskrit model.

The author states that his object is to describe Tamil briefly as one of his motives for writing this grammar. He has not described Tamil adequately as many aspects of Tamil grammar have not been given due attention and many others have been omitted.

VC has created a great interest in many scholars and till today arguments and counter-arguments are put forward to establish one's viewpoint regarding the purpose of writing this grammar. "It has been written mainly to describe the language of the then inscription" says A. Velupillai (1968). S. Rajaram in his *Vīracōḻiya Ilakkaṇak Kōṭpāṭu*, considers it as a transference grammar and reflects the social picture prevalent at that time. This grammar is important inasmuch as it introduces Sanskrit technical terms for the first time and also it explains some new words which became current before and during the author's period. At the same, one wonders whether, the author's purpose is served at all. He has neither utilized Sanskrit grammatical tradition properly in describing Tamil, nor has he abridged Tamil grammar adequately as he claimed to do so (Meenakshi: 1984).

Following him, the author of *PV* (Kārikā 2) states that other grammarians had given the technical terms mostly in Tamil and to a lesser extent in the form of *tatsama* and *tadbhava* from Sanskrit, whilst he, in order to prove the grammatical structure for Tamil and Sanskrit is the same, uses the grammatical technical terms in the form of *tatsama* and *tadbhava* terms.

For instance, the author of *PV* (Kārikā 6) calls case signs as *vibhakti*. The meaning of the case markers are called *vibhaktyārtha* or *veṟṟuumaipporuḷ*. He does not believe in positing *cu* for the nominative singular and then deleting it like the author of *VC* Though he makes use of Sanskrit principles and Sanskrit technical terms for explaining the declension, compounds, verbs, etc. the illustrations are drawn from Tamil grammar and literature. However, one finds the use of Sanskrit technical terms often with Tamil translations. His examples at times appear to be forced ones rather than natural forms which were in currency during his period.

For instance, *maṉṉapporuḷ*, *maṉṉāṟppīṟavāḻi* and *puṟattapukaḷumila* respectively for *tadabhāvanaññu*, *tadanyanaññu* and *tadviruddha naññu* are given as examples. *VC*, on the other hand explicitly states that *naññu* does not occur in Tamil except in Sanskrit loans. *VC* gives the following examples: *akalaṅkaṉ* (*tadabhāvanañ*), *appirāmaṇaṉ* (*tadanyanañ*) and *adharma* (*tadviruddhanañ*). *IK* gives the following examples for *nañtatpuruṣa-arūpam* (*iṉmai*) (*tadabhāva*), *appirāmaṇaṉ* (*piṟitu*) (*tadanya*) *ataṉmam* (*maṟai*) (*tadvirudha*).

Moreover, examples cited in *PV* for *Avyayībhāva* as *vāḻmaṉ* for *nāmapūrvapadāvyayībhāva*, *maṟṟaiyaṭai* for *avyayībhāva pūrvapada* show that there is some confusion regarding *iṭaiccol* listed in the Toḷ. If *maṭ* and *maṟṟai* are taken as *iṭaiccol* (*avyayībhāva*) other *iṭaiccol*s listed by Tolkāppiyar should also be considered for this compound. But the author of *PV* has not done so. Thus, it can be stated that *PV* enables one to understand what is the Sanskrit grammarians' view regarding *avyayībhāvasamāsa*.

Taddhita and *taddhitānta* words do not occur in Tamil as in Sanskrit with distinct suffixes. *PV* and *VC* call all those finished words derived from the noun base as *taddhita*. They are derived words and not primary ones. The authors of *PV* and *VC* pick-up all these derived forms and explain them in imitation of Sanskrit grammarian thereby establishing a forced sort of relationship between Tamil and Sanskrit. For instance *valaiyaṉ* "fisherman" is explained as one who lives by it as *valai+aṉ* — *valaiyiṉāṉ uṇpāṉ* (*VC*); *valaiyāl muyaṉṟu uṇpāṉ* (*PV*).

Conclusion

Sanskrit and Tamil are genetically unrelated languages; the former belongs to Indo-Aryan group of languages, a branch of Indo-European family, while the latter belongs to the Draviḍian family and as such their grammatical structure is bound to be different. Hence the same grammar for both Tamil and Sanskrit is next to impossible. There are certain pan-Indian idioms in almost all the languages spoken in the sub-continent as a result of mutual contact and influence. In addition, one can also notice certain universals in all the languages. This commonness does not call for a single grammar for all Indian languages.

So far as *Tolkāppiyam* is concerned, the author is very clear regarding the difference in the structure of Tamil and Sanskrit and therefore adopts a different method in describing Tamil. Pāṇini follows analytical method and Tolkāppiyar adopts analytical method only in a very few cases. Tolkāppiyar's method is mostly paradigmatic.

P.S. Subrahmanya Sastri, as said earlier was the pioneer in the comparative study of Tamil and Sanskrit enquiring into the relationship between the grammatical theories of Tamil and Sanskrit. Sastri (1934) says that "it may be evident from what has been said that Tolkāppiyaṉār clearly realized that Tamil was not related to Sanskrit either morphologically or genealogically . . . " (p. 231). In his pioneering work, he states (p. 4) that "an attempt is made in this thesis to show that Tolkāppiyaṉār adopted not only the Sanskrit grammatical terms and the arrangement, but also *many of the Sanskrit grammatical theories.*" In another context, he says (p. 3) that "Tolkāppiyaṉār has worked out a beautiful Tamil grammar on the models of Sanskrit *Prātiśākhya*s, Yāska's *Nirukta,* Pāṇini's *Śikṣā* and Pāṇini's grammar or that of his predecessors without doing the least violence to the genius of the Tamil language." Moreover, Sastri himself points out the differences between Tamil and Sanskrit. Thus one is unable to understand why this contradiction in his statements. A question naturally arises in our mind, is it possible to have so many texts as model for writing one single grammar? Those who are familiar with Tolkāppiyar's description of Tamil language would definitely answer this question in negative. *Tolkāppiyam* was compiled independent of Pāṇini's grammar and it has been established beyond doubt his method is original and appropriate for the description of Tamil.

The later grammarians who adapted the Sanskrit method, obviously, have not done justice to Tamil language. Sastri also is very critical of the authors of *VC, PV* and so on and has also pointed out in a number of places the incorrect nature of their method. As stated earlier, there was a stage in the development of grammars, when Pāṇini was identified with grammar irrespective of the language of their description. The grammars of the Draviḍian literary languages — Telugu, Kannada and Malayalam also show this tendency. Sastri (p. 231) rightly observes that "the *Vīracōḻīyam* proceeded to violently drag on Tamil language and the grammar into the grove of Sanskrit, a feature which in no sense is traceable in *Tolkāppiyam* . . . the author of *Pirayōkavivekam* who came after *Naṉṉūl* has lapsed with redoubled vigour into the sanskritizing groove of *Vīracōḻīyam.*"

Thus parallelism between the grammars of two ungenetically related languages need not necessarily point to borrower-borrowee relationship. If we concede to the idea of borrower/borrowee relationship between these two grammars, by merely observing certain similarities, it will be tantamount to say that, our ancient Indian grammarians Pāṇini and Tolkāppiyar anticipated several modern linguistic theories, which may not be correct. As far as adopting Sanskrit model to Tamil grammars (as the authors of *VC* and *PV* have done) is concerned it is proved beyond doubt, how inappropriate it is.

References

Belvalkar, S.K., *An Account of the Different Existing Systems of Sanskrit Grammar,* Bharatiya Vidya Prakashan, Delhi, 1976.

Gopalayyar, T.V. (ed.), *Ilakkaṇakkottu,* Tanjore Saraswathi Mahal Library, 1973.

Meenakshi, K., *Sanskrit Grammar as Models for Writing Tamil Grammar Vīracōḻīyam — A Case Study,* Vishveshvaranand Indological Journal, xxii. pts. i-ii, Hoshiarpur, 1984.

———, *Tolkāppiyam and Aṣṭādhyāyī,* International Institute of Tamil Studies, Chennai, 1997.

Meenakshisundaram, T.P., *Foreign Models in Tamil Grammar,* DLA, Trivandram, 1974.

Naṉṉūl with *Kāṇṭikaiyurai,* Kuvai Publication, 1976.

Pirayokavivekam, ed., T.V. Gopalayyar, Tanjore, 1973.

Rajaram, S., *Vīracōlīya Ilakkaṇak Kōṭpāṭu,* Nagarkoil, 1992.

Subrahmanya Sastri, P.S., *Tolkāppiyam* — Collatikāram (tr.) Reprint, Annamalai Nagar, 1979.

———, *History of Grammatical Theories in Tamil and their relation to the Grammatical Literature in Sanskrit,* The Kuppuswami Sastri Research Institute, Chennai, 1934, Reprint 1997.

———, *Tolkāppiyam* — vol. I , Eḻuttatikārarn, The K.S.R. Institute, Chennai, 1934, Reprint, 1997.

Tolkāppiyam, Eḻuttatikāram with *Naccinārkkiṉiyam,* Kazhakam Publications, 1966.

———, Collatikaram with *Cenāvaraiyam,* Kazhakam Publications, 1966.

Veluppillai, A., "*Vīracōḻiyam* as a grammar of Inscriptional Tamil." *Proceedings of Second International Conference of Tamil Studies,* Madras, 1968, pp. 345-54.

———, *Tamil Varalāṟṟilakkaṇam,* Madras.

Vīracōḻīyam, Kazhakam Publications, 1970.

13

The Case for Sanskrit as India's National Language

Makarand Paranjape

> Sanskrit is the thread on which the pearls of the necklace of Indian culture are strung; break the thread and all the pearls will be scattered, even lost forever.
>
> — Dr Lokesh Chandra

Introduction

I HAD first heard from my friends in the Sri Aurobindo Ashram, Pondicherry, that the Mother wanted Sanskrit to be made the national language of India. Indeed, Sanskrit is taught from childhood not only in the Ashram schools, but also at Auroville, the community that the Mother founded. On 11 November 1967, the Mother said: "Sanskrit! Everyone should learn that. Especially everyone who works here should learn that . . . ." (http://sanskrit.sriaurobindoashram.org.in/HtmFiles/TheMotheronSanskrit.htm) — accessed on 22.1.07. Because some degree of confusion persisted regarding the Mother's and Sri Aurobindo's views on the topic, a more direct question was put to the Mother on 4 October 1971:

> On certain issues where you and Sri Aurobindo have given direct answers, we (Sri Aurobindo's action) are also specific, as for instance . . . on the language issue where you have

> said for the country that (1) the regional language should be the medium of instruction, (2) Sanskrit should be the national language, and (3) English should be the international language.
>
> Are we correct in giving these replies to such questions?
>
> Yes. Blessings. — Ibid.

When asked by a disciple on what basis she had said that Sanskrit should be the national language of India, the Mother replied, "I said Sanskrit because Sri Aurobindo had told me so" (ibid.). Actually, Sri Aurobindo's views on Sanskrit were well-thought out and forcefully formulated. For instance, in his Preface on National Education (November 1920), he said:

> A language, Sanskrit or another, should be acquired by whatever method is most natural, efficient and stimulating to the mind and we need not cling there to any past or present manner of teaching: but the vital question is how we are to learn and make use of Sanskrit and the indigenous languages so as to get to the heart and intimate sense of our own culture and establish a vivid continuity between the still living power of our past and the yet uncreated power of our future, and how we are to learn and use English or any other foreign tongue so as to know helpfully the life, ideas and culture of other countries and establish our right relations with the world around us. This is the aim and principle of a true national education, not, certainly, to ignore modern truth and knowledge, but to take our foundation on our own being, our own mind, our own spirit. . . .
>
> (118)

While he does not advocate its use as a national language, it is clear that he wishes for its continuation and popularization. It is likely therefore that it is the Mother who re-articulated the case for Sanskrit as India's national language, the credit for which must go to her.

When I first heard of these views, I found them commendable but was doubtful of their practicality. To me, it seemed that to make Sanskrit the national language would require more than just an administrative will. First of all, to get any Government to make such a policy decision would be next to impossible, with all sorts of obstacles and political pressures put up by various interest groups. There would be opposition probably from Tamil-wallas and Urdu-wallas, but most of all from the "secular" Hindu ruling elite, who would see this as some sort of ploy by the Hindutva lobby. Even if an order to this effect were promulgated, it would be difficult to implement all over the country. That is why I had then thought of the idea of making Sanskrit India's national language as noble but impractical. However, during the Sanskrit Week held last year at Jawaharlal Nehru University's Special Centre for Sanskrit Studies, it suddenly occurred to me that we need not think of a "national" language in narrow or restricted terms, but in the broadest and most effective way. Also, that an idea was not less or more valid either because it was most impractical or hard to implement. That is how I began to reflect on what it means to have a national language, especially in India, and how such a national language might be safeguarded and promoted.

The key to unlocking the difficult question of whether Sanskrit should be India's national language or not is in clarity over the meaning of the word "national". This is lacking even in the Aurobindonian circles which, while they advocate making Sanskrit the national language of India, do not define clearly what they mean by "national". One reason for writing this essay is precisely to bring about such clarity. To my mind, a national language, in the Indian context, need not mean the official language. Indeed, such a distinction is implicit in the Constitution of India itself. Clearly, the aim is not to make Sanskrit the official language of India, that is, the language of the Government, of the judiciary, of business, politics, and public affairs. In mono-lingual countries, official and national languages may be identical, but this is not the case in India. In India we not only have several languages, but also need certain languages to play special roles. Both Hindi and English are such languages, as the Constitution clearly recognizes. By national language, in the present context, is meant a language that is the source of our identity, a language that unites us, a language that links us with our past, a language that is the repository of many of our sacred texts, a language in which so much knowledge and learning from the past is stored. In one word, "national", here means a heritage language. Once the confusion over the word "national" is removed, the argument in favour of Sanskrit can be articulated more forcefully.

The Status of Sanskrit in Post-Independence India

In this section, I wish to examine some instances of how Sanskrit has been treated in post-Independence India.

Perhaps, the best starting point would be the Constituent Assembly which promulgated our Constitution. When I began to do some research on this subject, I realized that the Mother's pronouncements weren't the first in this regard, though what makes them weighty and special is that she made them at a time when the case for Sanskrit was quite weak. The idea of making Sanskrit not only India's national language, but also India's official language can be traced back to none other than India's first Law Minister and Dalit leader, Dr B.R. Ambedkar. Following the Independence of India in August 1947, the Constituent Assembly of India had debated the language question extensively. After months of debate Hindi, with the Devanāgarī script, was clearly emerging as the favourite. There was a draft recommedation to this effect, with the proviso to continue using English for official purposes for a period of an additional fifteen years. It was in this context that in September 1949, the then Law Minister, Dr B.R. Ambedkar, moved an amendment to substitute Hindi with Sanskrit so as to make Sanskrit the official language of India. Not only were there prominent politicians and public figures from Tamil Nadu among the signatories, but also Mr Naziruddin Ahmed, from West Bengal, a member of the Muslim League. The latter said, "I offer you a language which is the grandest and the greatest, and it is impartially difficult, equally difficult for all to learn" (*Constituent Assembly Debates*, 1334; qtd. in Ramaswamy, pp. 354-55). In the end, though Hindi emerged as the "winner" of the official languages sweepstakes, it was not only in the Devanāgarī script, but also a Hindi which the Constitution itself declared would use Sanskrit as the main source of enrichment and increasing vocabulary (ibid., pp. 357-58).

It would be salutary to examine the views of the first Prime Minister of independent India, Jawaharlal Nehru, on the subject of Sanskrit. Around the time that India's language policy was being debated in the Constituent Assembly, Nehru was reported on the 13 February 1949 in *The Hindu* as declaring:

> If I was asked what is the greatest treasure that India possesses and what is her finest heritage, I would answer unhesitatingly that it is the Sanskrit language and literature and all that it contains. This is a magnificent inheritance and so long as this endures and influences the life of our people, so long will the basic genius of India continue. If our race forgot the Buddha, the Upaniṣads and the great epics (*Rāmāyaṇa* and *Mahābhārata*), India would cease to be India.
>
> (http://sanskrita-bharati.org/newsite/news/Sanskrit.doc)

This is one of the strongest endorsements of Sanskrit by anyone. Nehru's words are quoted often, especially in environs when Sanskrit needs to be defended from well-meaning, if not misguided, secularists. Nehru's support for

Sanskrit would have been important in those controversy-fraught times.

Moving from the Constituent Assembly to the actual Constitution itself, we notice that at present it does not designate any language to be India's national language. Article 343 of the Constitution considers Hindi in the Devanāgarī script as the official language of India. It also allows for the continued use of English for official purposes. Article 345 also allows for any of the "national languages" of the union to be adopted by the State legislature as the official language of that State. Until 1967, before the 21st amendment to the Constitution, fourteen regional languages were recognized. Subsequently the number has grown to twenty-two. The Sahitya Academy gives away annual awards in two additional languages. This means that currently twenty-four languages in India enjoy official recognition. This account suggests that as far as the Constitution is concerned all of India's languages, especially the twenty-two recognized by the Constitution thus far, are national languages. At its weakest then, the case for Sanskrit as the national language in India does not require any further elucidation if Sanskrit is considered only one amongst the many national languages in India.

After the Constitution, the next and perhaps most important document to examine would be the report of the Sanskrit Commission set-up by the Government of India in 1956 under the Chairmanship of Dr Suniti Kumar Chatterjee. An examination of the report of this Commission shows that the status of Sanskrit in contemporary India has a lot to do with both the politics and policies of the State. It was this Commission's report, along with *Report of the Official Language Commission* of the Government of India that led to Sanskrit being one of the languages taught in Indian schools all over the country. According to the three-language formula, which still works at least up to the 10th standard in Indian secondary schools, each student has to learn three languages, the mother tongue, Hindi or another Indian language, and English. To this day, in many schools, Sanskrit is the third language, taken in addition to English and Hindi. The report of the Commission is probably the most extensive and impressive argument in favour of Sanskrit education in independent India. The Commission actually recommended that Sanskrit be made "an additional official language" of India:

> While for all administrative and ordinary day-to-day purposes, some pan-Indian form of Hindi may be used, it appears inevitable that, in course of time, the prospective All-India Language — *Bhāratī Bhāṣā* — at least in its written norm, which would be acceptable to all regions of India, especially in the higher reaches of education and literary activity, will be a form of simple and modernized Sanskrit. (202)

Though this recommendation was not accepted, many of the report's findings have shaped the manner in which the Indian State treated Sanskrit.

One of the most remarkable chapters in the Sanskrit Commission Report is "Sanskrit and the Aspirations of Independent India" (70-92) in which a defence and justification of Sanskrit is offered. The authors point to the role of Sanskrit in the national awakening of India, especially in Bankim Chandra Chatterjee's song, *Vande Mātaram,* which became the *Rāṣṭra Gāyatrī*. This song is entirely in Sanskrit except for a few sentences in Bangla (70). Though English contributed to the growth of political consciousness in India, only an Indian language could help create political unity. This language would have been Sanskrit, but in 1921 Mahatma Gandhi accepted Hindi or Hindustani with the Devanāgarī script, because, according to the Commission, Hindi in this case stood for Sanskrit (71):

> Sanskritized Hindi seemed to be the fitting representative for all the modern languages of India, and was looked upon as the most suitable national speech for a resurgent India. . . . Sanskritized Hindi alone can be easily understood in all non-Hindi-speaking areas. . . . The support of Hindi in a way meant laying stress on the unity of India through Sanskrit, even if it were through the intermediacy of Hindi. (71)

In other words, the choice of Hindi as India's official language was, according to the Commission, itself an endorsement and acknowledgement of the value of Sanskrit.

The Commission also refers to the adoption of the Upaniṣadic dictum *Satyameva Jayate* as the national motto of India, the Sanskritized *Jana Gaṇa Mana* as the national anthem, the motto of the Lok Sabha *dharmacakrapravartana*, of All India Radio (Ākāśavāṇī), *bahujan hitāya bahujana sukhāya*, of the Life Insurance Corporation, *yogakṣemaṁ vahāmyaham*. The practice of using Shri and Shrimati instead of Mr and Mrs, and so on, also show how important Sanskrit is in our national life (72) Nehru's remarks on Sanskrit are quoted too as are Sir William Jones's who in 1786 called Sanskrit a language "more perfect than Greek, more copious than Latin, and more exquisitely refined than either" (73). The long and unbroken continuity of Sanskrit is lauded. The Commission considers Sanskrit to be "in the broad sense of the term . . . the entire linguistic development of the Aryan speech in India" (73), from classical Sanskrit to the medieval Prakrits. We may extend this to include the modern Indian languages too. Sanskrit is thus "the linguistic and literary expression of that great Cultural Synthesis which is identical with Bhārata-Dharma, the Spirit of India, or Indianism, as it has been sometimes described" (74).

Sanskrit, moreover, is of our link with the larger world we inhabit, both West and East:

> Sanskrit is our great mental and spiritual link with the Indo-European and Aryan-speaking world to the West of India — with Iran, with Armenia, with Europe. Sanskrit is the elder sister of Greek and Latin, of Gothic and Old Irish, and of Old Slav. The Modern North Indian Aryan Languages and the Indo-European languages outside India — Hindi, Bengali, Marathi and the rest on one hand, and English, French, Russian and the rest on the other are cousins belonging to the same family. The very large and indispensable Sanskrit element in the cultivated Draviḍian languages of south India, Telugu, Kannada, Tamil and Malayalam, is a cultural link of great value between these and the Indo-European Languages of Europe. . . . But it has been no less a potent bond of union for India with the lands of Asia — with Serindia or Central Asia of ancient and medieval times where the cultures of China and India had a common meeting place; with Tibet; with China and the lands within the orbit of Chinese civilization — Korea and Japan and Vietnam; and above all, with the lands of Farther India-Burma and Siam, Pathet Lao and Cambodia, and Cochin China or Campā, and the area of Malaya and Indonesia. Ceylon is of course a historical and cultural projection of India. In all these lands, Sanskrit found a home for itself as the vehicle of Indian thought and civilization which flowed out into them as a peaceful cultural extension.
>
> (75-76)

If we think of all the literature available in this linguistic system, it would be a vast treasury useful not only to India, but to the whole world: from the Vedas, the Vedāṅgas, the Epics, the Kāvya literature, drama, science, philosophy, aesthetics, indeed the endless knowledge in nearly all branches of human endeavours available in Sanskrit makes it a unique repository, the world's heritage language. In fact, Sanskrit is conducive to all the four *puruṣārtha*s or cardinal aims of life — *dharma, artha, kāma*, and *mokṣa*, with it is the vast repositories of knowledge and guidance in each of these realms (76-79).

Without Sanskrit, the fullest development of the human mind is almost impossible (79-90).

Sanskrit is also the "great unifying force" in India, knitting a vast sub-continent from Kashmir to Kanyakumari, Saurāṣṭra to Kāmarūpa. Pointing out how the Chinese system of writing and modern Hebrew served to unify the newly formed nations of China and Israel respectively, the Commission asked why Sanskrit could not be expected to play a similar role in India (83). It was only Sanskrit that could play the role of unifying India:

> This great inheritance of Sanskrit is the golden link joining up all the various provincial languages and literatures and cultures, and it should not be allowed to be neglected and to go waste. (83)

The Commission next turned its attention to the role that Sanskrit had played and can play in the "Formation of Character". Not just information, Sanskrit could also influence the formation of the mind, especially in shaping and expressing India's unique contribution to the rest of humanity. Sanskrit worked "as a great stabilizing force in life as a moral anchor" in the lives of Indians (85) through its uplifting moral teachings. Even the sound of the language is special:

> Sanskrit is a language which through its sonority and mellifluousness, has the power to lift us up above ourselves — the message of Sanskrit read or chanted is that of sursum corda "lift up your hearts" and this forms one of its most subtle aesthetic and dynamic values. (85)

The Commission also emphasized the importance of Sanskrit in contributing towards "The Intellectual Renaissance of Free India." Here a most interesting case is advanced for the retention of Sanskrit for the development of modern Indian languages. Just as a study of Sanskrit is necessary to understand Tamil, Sanskrit was necessary for the proper development of modern Indian languages, the intellectual registers of which would be derived from Sanskrit. Quoting Śivajñānamunivār's commentary on the *Tolkāppiyam*, the oldest grammar of Tamil, "the nature of Tamil will not be clear to those who have not learnt Sanskrit (*vadanul unarndarkkanrit-tamil iyaîpu vilangadu: I Eluttalikaram,* sutra 1)" (86), the Commission makes a very persuasive argument in favour of "the retention, cultivation and development of Sanskrit, for the sake of all Modern Indian Languages"(86). Word-building, enriching of technical vocabulary, and standardization of key terms across several modern Indian languages would be only some of the numerous benefits of Sanskrit's contribution to the growth and enrichment of modern Indian languages. This chapter of the Commission's report ends with a fervent plea to make Sanskrit "the symbol of the national life of India" and to accord a special place to it in the educational system (93). Some of the arguments of the Commission revisited those made by the Orientalists more than 150 years ago. Those opposed to the nationalizing of Sanskrit or of making Sanskrit a reason of state have written disparagingly about the Commission's claims, labelling them as "quaint, even absurd". (Ramaswamy, 379)

The third instance I wish to examine is the landmark judgment of 4 October 1994 of the Supreme Court on Sanskrit. This shows how all was not well or smooth sailing for the teaching of Sanskrit as a part of the Indian school curriculum. The attack against Sanskrit went as far as an appeal against teaching it in the Central Board of Secondary Education (CBSE) on the grounds that it was against secularism. It needed a Judgment of the Supreme Court of India to refute the absurd proposition that it was not against secularism to teach Sanskrit in our schools (see http://sanskrita-bharati.org/newsite/news/Sanskrit.doc for a complete text of the judgment). The Court quoted the earlier policy statements of the Government of India on Sanskrit in 1968 and 1986 respectively:

> Considering the special importance of Sanskrit to the growth and development of Indian languages and its unique contribution to the cultural unity of the country, facilities for its teaching at the school and university stages should be offered on more liberal basis. Development of new methods of teaching the language should be encouraged, and the possibility explored of including the study of Sanskrit in those courses (such as modern Indian Philosophy) at the first and second degree stages, where such knowledge is useful. (1968)

And the 1986 Statement:

> Research in Indology, the Humanities and Social Sciences will receive adequate support. To fulfil the need for the synthesis of knowledge, inter-disciplinary research will be encouraged. Efforts will be made to delve into India's ancient fund of knowledge and to relate it to contemporary reality. This effort will imply the development of facilities for the intensive study of Sanskrit.

The Court completely refuted the claims that teaching Sanskrit was against secularism because Arabic or Persian were not accorded a similar status in the educational system. The Court said that "a secular State is not hostile to religion but holds itself neutral in matters of religion" (para 16). It quoted from the Sanskrit Commission's Report to show that Sanskrit was a binding and unifying force in India. Paragraphs 19 and 20 of the judgment spelt out the views of the Court in no uncertain terms:

> 19. From what has been stated above, we entertain no doubt in our mind that teaching of Sanskrit alone as an elective subject can in no way be regarded as against secularism. Indeed, our Constitution requires giving

of fillip to Sanskrit because of what has been stated in Article 351, in which while dealing with the duty of the Union to promote the spread of Hindi, it has been provided that, it would draw, whenever necessary or desirable, for its vocabulary, primarily on Sanskrit. Encouragement to Sanskrit is also necessary because of it being one of the languages included in the Eighth Schedule.

20. We, therefore, conclude by saying that in view of importance of Sanskrit for nurturing our cultural heritage, because of which even the official education policy has highlighted the need of study of Sanskrit, making of Sanskrit alone as an elective subject, while not conceding this status to Arabic and/or Persian, would not in any way militate against the basic tenet of secularism.

This verdict was delivered by Justice Kuldip Singh and Justice B.L. Hansaria in response to a written petition filed by Shri Santosh Kumar and others in 1989 against the Secretary, Ministry of Human Resource Development, Government of India.

The next notable instance of the State's addressing the issue of Sanskrit is the setting up of the National Mission for Manuscripts (NMM) by the NDA Government in 2003. The decline of Sanskrit in India was a direct consequence of colonial rule. The position of Sanskrit as India's pre-eminent intellectual language was dislodged by English as a direct consequence of imperial policy. It might have been expected therefore that sufficient resources and attention would be devoted to the study and revival of Sanskrit in independent India. However, B. Bhattacharya in his book *Sanskrit Culture in a Changing World* writes that at the time of writing the book there were at least one million manuscripts in public and private libraries in India and abroad. Ninety-five per cent of these manuscripts are languishing unread and untranslated. Today many of these treasures belonging not only to India but also to the world have probably been lost. The Government's efforts to change this situation of neglect are only recent as in the establishement of the National Missions for Manuscripts (NMM) in 2003. According to the mission statement of NMM:

> The National Mission for Manuscripts was launched in February 2003 by the Ministry of Culture, Government of India, to save this most valuable but less visible of our cultural inheritances.
>
> An ambitious five-year project, the Mission seeks not merely to locate, catalogue and preserve India's manuscripts, but also to enhance access, spread awareness and encourage their use for educational purposes. Working with specially identified Manuscript Resource Centres (MRCs) and Manuscript Conservation Centres (MCCs) in states all over the country, the Mission has collected data on manuscripts located in a variety of places, from universities and libraries to temples, maṭhas, madrasas, monasteries and private collections.
>
> (http://namami.nic.in/mission.htm accessed on 29 January 2007)

Interestingly, the mission statement does not use the word Sanskrit anywhere. But since the majority of the rarest of Indian manuscripts are in Sanskrit, it is assumed that the work will concentrate on Sanskrit. However, the fact that this is nowhere openly stated shows, once again, the ambivalence of our "secular" culture towards our identity and heritage. Interestingly, contrary to what is popularly thought, the Government recognized Sanskrit as a classical language only as recently as 27 October 2005. Tamil, in fact, had been recognized as a classical language before Sanskrit.

The Case for Sanskrit

In this final section of the paper, I offer some arguments in favour of Sanskrit as India's national language. By no means are all these arguments new or original; some have been around for several decades, if not centuries. However, India as a State is itself only sixty years old. So the present case is in relation to India as we know and understand it today. The destinies of languages are intimately tied up with those of States. As someone put it, a living language is one in which you can make a living. By that token, aside from Sanskrit, a number of other Indian languages too are endangered. English is India's dominant language, so much so that this argument in favour of Sanskrit is being made in English. It is erroneous to regard the support of language by a State as mere patronage. In the case of Sanskrit, it will be wise for the State and its machinery to invest in Sanskrit. This investment will be matched or supported by private enterprise too. Together, Sanskrit and *sanskṛti,* which is the culture of India, will be strengthened. We have to begin to understand why such an investment in Sanskrit will not only be profitable, but is necessary.

To understand the case for Sanskrit, I shall first rehearse arguments already prevalent. Many of these have their origins in the Constituent Assembly debates. Since the proposal to make Sanskrit the national language of India originated and persisted, as has been pointed out, in Aurobindonian circles, it is to be expected that the reasons for advancing such a case should also be reiterated in the same source. In an impressive book called *The Wonder That is Sanskrit* (2002), the authors Sampad and Vijay devote a chapter to "Sanskrit as the national language of India" (133-34), in which some of the earlier arguments in favour of Sanskrit are repeated and stated more coherently.

I have identified at least seven arguments in favour of Sanskrit as a national language of India in this book:

1. Only a language that is native to a country, that is, a language that has taken birth and developed in a particular country, can be the national language of that country. Thus no matter how widely spread English is, since it is a foreign language, it should not be considered for the position of India's national language. "The national language of India has to be a language of and from India" (134).
2. The national language of a culture must be a language that is the repository of the best, highest, and noblest aspirations of that culture. This language, for India, is Sanskrit. If, on the other hand, a language that is alien to a culture is used to describe, understand or represent that culture then many distortions are bound to creep in. That is why Sanskrit rather than English is more suited to be the national language of India. "It will not be an exaggeration to say that if India has to rise, Sanskrit will have to rise once again." (134).
3. As is obvious, the first two arguments are against English more than in favour of Sanskrit. This is because the next argument shows how Sanskrit like English cannot be identified with any particular region of the country and is therefore "national". In other words, only a non-regional language can be a national language. "Sanskrit is alone non-regional. No province or state or people can claim it as its own." (134)
4. Sanskrit has been since ancient times the link language of the whole subcontinent. Therefore, Sanskrit has been a binding force throughout the history of India. Again, like English, Sanskrit is India's link language,

but unlike English it is both native to India and co-extensive with the entire civilizational trajectory of the sub-continent.

5. Again, in contradistinction to English, Sanskrit is the "mother" of most Indian tongues. All these including Tamil have a large percentage of words derived from Sanskrit. Through the well known processes of *tatsama* (words borrowed as they are from Sanskrit) and *tadbhava* (words derived from Sanskrit but modified), it is estimated that almost 70 per cent of the words of most modern Indian languages are from Sanskrit (136). That is why it is possible for people from different parts of India to understand each other even if they speak different languages. After all, there is a common vocabulary not to speak of a great deal of similarities in syntax. Unlike what more recent ideologically informed arguments, influenced by proponents of Dravidianism have claimed, even Tamil shows a very close relationship with Sanskrit (138-39).
6. Sanskrit is capable of changing with the times, especially in its capacity to produce an infinite variety of new words. Actually these words deriving from Sanskrit, also feed the other modern Indian languages. If so, then why shouldn't the source of this vitality, Sanskrit, itself be the national language of India?
7. Sanskrit as a source of unity and pride is a major reason to make it India's national language. This reason, it would seem, subsumes all the others:

   > Through Sanskrit every Indian can feel a oneness and belonging with every other Indian and every part of India. We can feel proud of a great and magnificent heritage, which can compare with the best in the world

> in every field and to which every region of India has contributed. We can also look to the future with the confidence that this mighty nation will rise again and attain a glory far greater than every attained in the past, and in which every Indian has a role to play. (142)

The next chapter of *The Wonder That is Sanskrit* also tries to refute some charges against Sanskrit, especially the charge that Sanskrit is a Hindu language and that it is a dead and difficult language (145-50). Though it does not do so, there is also a need to refute the idea that Sanskrit is the language only of brāhmaṇas. Whatever it may have been in the past, certainly in today's India, this is no longer the case. Access to Sanskrit is open to all.

In a more intensely polemical and well-document defence of Sanskrit, Rajiv Malhotra, following a similar strategy of defence combined with offence, offers the following framework in his case in favour of Sanskrit. His essay entitled "Geopolitics and Sanskrit Phobia" was first delivered as a lecture at Silpakorn University in Thailand in 2005, and is now posted on the net in his blog on Sulekha.com network. Malhotra sees Sanskrit as the site for a civilizational clash, with those attempting to suppress the language being enemies of India. He argues that:

I. Sanskrit is more than a language. Like all languages, its structures and categories contain a built-in framework for representing specific world-views. *Sanskṛti* is the name of the culture and civilization that embodies this framework. One may say that *sanskṛti* is the term for what has recently become known as Indic Civilization, a civilization that goes well beyond the borders of modern India to encompass South Asia and much of South-East Asia. At one time, it included much of Asia.

II. Interactions among different regions of Asia helped to develop and exchange this pan-Asian *sanskṛti.* Numerous examples involving India, South-East Asia and China are given.

III. Sanskrit started to decline after the West Asian invasions of the Indian subcontinent. This had a devastating impact on *sanskṛti,* as many world-famous centres of learning were destroyed, and no single major university was built for many centuries by the conquerors.

IV. Besides Asia, Sanskrit and *sanskṛti* influenced Europe's modernity, and Sanskrit Studies became a large-scale formal activity in most European universities. These influences shaped many intellectual disciplines that are (falsely) classified as "Western". But the "discovery" of Sanskrit by Europe also had the negative influence of fueling European racism since the nineteenth century.

V. Meanwhile, in colonial India, the education system was de-Sanskritized and replaced by an English-based education. This served to train clerks and low level employees to administer the Empire, and to start the process of self-denigration among Indians, a trend that continues today. Many prominent Indians achieved fame and success as middlemen serving the Empire, and Gandhi's famous 1908 monograph, *Hind Swarāj,* discusses this phenomenon.

VI. After India's Independence, there was a broadbased Nehruvian appreciation with Sanskrit as an important nation-building vehicle. However, successive generations of Indian intellectuals have replaced this with what this paper terms "Sanskrit Phobia", i.e. a body of beliefs now widely disseminated according to which Sanskrit and *sanskṛti* are blamed for all sorts of social, economic and political problems facing India's underprivileged classes. This section illustrates such phobia among prominent Western Indologists and among trendy Indians involved in South Asian Studies who learn about Sanskrit and *saṁskṛti* according to Western frameworks and biases.

VII. The clash of civilizations among the West, China and Islam is used as a lens to discuss the future of *sanskṛti* across South and South-East Asia.

VIII. Some concrete suggestions are made for further consideration to revitalize Sanskrit as a living language that has potential for future knowledge development and empowerment of humanity.

Malhotra, more than any of his predecessors, spends a considerable degree of energy in refuting the oppositions to Sanskrit. He quotes heavily from Kapil Kapoor's earlier essay "Eleven Objections to Sanskrit Literary Theory: A Rejoinder", which employed a similar strategy and is worth reading in its own right as a spirited defence on Sanskrit poetics and literary theory:

Sanskrit Phobic Arguments	**Responses**
There has been no connection between Sanskrit and Prakrit (and/or other South Asian vernacular languages).	Linguistic evidence suggests that Sanskrit is related to Prakrit languages and that exchanges occurred in both directions.

Sanskrit has been the instrument of creating a civilization built on Brahmanical hegemony and domination of the subaltern.	This is missionary/colonial lens imposing Western social models to a very different Indian social structure and denies the vital role of Sanskrit in shaping and fulfilling, thriving and vibrant culture that benefited many.
Sanskrit is only a language of rites and rituals that are devoid of philosophical merit.	The depth and breadth of Sanskrit literature covers many non-religious disciplines. Besides, the rites and rituals are often deeply poetic and reflect a plurality of philosophies of life.
Sanskrit does not have the expressive spirit and temper of science and technology.	The depth and breadth of Sanskrit thought encompasses many scientific and technical fields such as mathematics and metallurgy. Abstract thought, open inquiry and logic are key hallmarks of Sanskrit learning.
Sanskrit has no value to non-Hindu traditions. It would compromise secularism.	Numerous Jaina and Buddhist scriptures are composed in Sanskrit. Sikh scholars went to Benares to learn Sanskrit.
As a dead language, Sanskrit has no use to world culture.	Sanskrit, just as it contributed to Western thought, has the potential to contribute towards a renaissance of thought in South-East Asia and India.

Malhotra also offers the following diagrammatic representation of the broader Western and self-hating Indophobic's strategy to suppress Sanskrit and *saṁskṛti*:

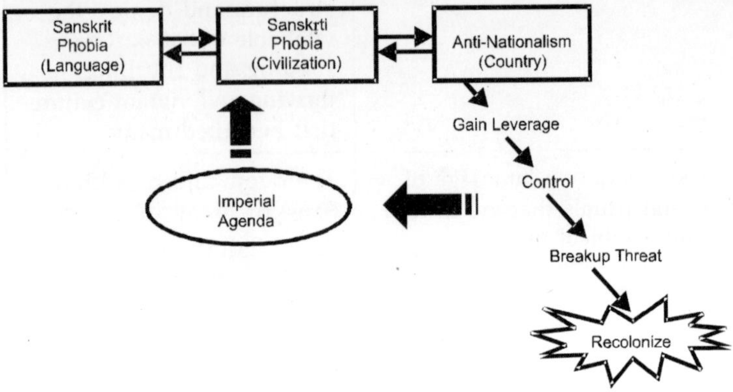

Whether or not we agree with all his assumptions, methods, or conclusions, Malhotra's article has done great service to the cause of Sanskrit in fearlessly exposing the conspiracy against both the language and the culture that it embodies.

In addition to these arguments already expounded and known I would add the following:

1. A nation, people, and a language are deeply inter-linked. Investment in any aspect of culture especially language is bound to pay off in terms of the benefits of "soft power". In other words what makes countries great in a competitive global world is not just military might but cultural depth and resources. To destroy or deny the source of one's cultural potency would be tantamount to a self-emasculation. Only a culture with a deeply internalized sense of contempt and shame for itself will commit such cultural *hara-kiri*. India with its history of colonization is close to this perilous state of self-loathing but better wisdom should prevail. Cultural self-enhancement and self-empowerment are

essential for *swarāj*. Sanskrit, not exclusively, but in addition to other Indian languages can contribute greatly to such self-enhancement.

2. Sanskrit is one of the markers of India's distinctiveness. Though at one time this language spread far and wide in India's region of influence, being widely used in Malaysia, Cambodia and Vietnam; Sanskrit is one of India's unique contributions and gifts to human civilization, especially after it has shrunk back to its source country, India. That is why it is one of the features that makes us ourselves. Sanskrit, which is the source of our identity, also needs to be nurtured for what it gave us and will continue to give us. Like an aged parent whom we need to care for, we must look after Sanskrit.

3. In other words, Sanskrit is now India's responsibility. After the Partition of India "the burden" of Sanskrit rests securely, almost exclusively on India's shoulders. It may continue to be a language of Orientalist study and antiquarian curiosity especially in the more prosperous countries of the world, but the responsibility for Sanskrit must be owned up by India.

4. Sanskrit is not so much a *deva bhāṣā* (a language of the Gods) but a language that shows us the way to the Gods — or to what is Godly or Divine. The Gods here do not necessarily imply supernatural beings but signify an order of things, a moral, an ethical norm, a way of living that we have called *dharma* in this part of the world. Sanskrit helps us not so much to know our world but to know ourselves. To that extent it is the language which contributed to our emancipation and enhancement. We must not forsake Sanskrit because it helps us to remain *dhārmika* in our approach to life.

To that extent Sanskrit is our link between this world and a higher world, glimpses which we see and experience from time to time.

5. The danger of losing Sanskrit is no less than losing our past, our history, our identity and our self — knowledge. In other words Sanskrit as a medium or carrier of *sanskṛti*, or culture, refinement and definition is indispensable to India. Sanskrit is not merely a language but a larger system of ideas, thought and cultural practices. In that sense this larger system includes not just Sanskrit but also Pāli and Prakrit, even the modern Indian languages, a part of which must include English nowadays. In other words even Indian English, not to speak of other Indian languages, is incomplete without Sanskrit as is Sanskrit incomplete without Pāli, Prakrit, the modern Indian languages, and Indian English. The cultural landscape of India is a diversity in unity and not a unity in diversity. Interestingly it was Sri Aurobindo who advocated the former and Jawaharlal Nehru the latter. Unity in India cannot come from diversity. Rather diversity is derived from unity. Therefore, Sanskrit is not to be seen in opposition but in a continuum with other Indian languages. It is this continuum with Sanskrit as the indispensable bedrock that constitutes the national heritage of India.

Conclusion

In this paper I have tried to argue that the idea of Sanskrit as India's national language begins to make sense when we distinguish between national language and official language. "Official language" may be used for day-to-day tasks as well as the activities of the government. Clearly Sanskrit cannot be expected to perform that role, at least not in the present circumstances. But if by "national language" we meant a language which is important to national identity, a language that unifies, a language that is a source of pride, a language that defines and contributes to a peoples identity, a language moreover that is neither sectarian nor exclusive to any particular group, then Sanskrit fits the bill. When we consider national to mean the source of one's heritage, then Sanskrit surely qualifies as India's major, if not foremost national language. All Indian languages are our national languages, but this does not mean that Sanskrit should be excluded from this list. On the contrary, though all Indian languages are national languages, Sanskrit is national in a very special sense of the word and it is this that I have tried to establish in this article.

From this standpoint, calling Sanskrit the national language does not go against the interests of any other language. Even if all the other languages may be considered national languages, Sanskrit retains its own, a special place. It is the case for making Sanskrit a national language in this special sense that this write-up has tried to elaborate.

Sanskrit is a language that all Indians need to learn in order to have a better understanding of their identity. It is the language that it is necessary for an appreciation of who we are. While other languages, including one's mother tongue, are also identity languages, Sanskrit is singular in that it provides the sources of the deeper self of India which no other language does so effectively.

While nearly all the major languages of India have a State to protect and promote them, Sanskrit has no one State. Therefore, it is the turn of all these languages and all the States of India wherein they flourish to learn and support Sanskrit, the real "mother tongue" of the Indians. We may provide exceptions to some States, which have had no historical contact with Sanskrit, but even these may wish to study it in order to understand India. The same reason for learning Sanskrit may be given to those for whom it is neither a sacred language nor a primary language of culture.

I cannot resist the temptation of ending with a memorable quotation from our former President of India, Dr A.P.J. Abdul Kalam. Though this is not the place to speak of the religion of the President, but it needs to be noted that he is neither Brāhmaṇa by caste nor Hindu by birth. His example shows how we might leave sectarian considerations aside in order to consider the case of Sanskrit from an objective standpoint. Interacting with the students of the Sree Gurusarvabhauma Sanskrit Vidyapeetham, Mantralayam, on 1 February 2007, he said:

> Though I am not an expert in Sanskrit, I have many friends who are proficient in Sanskrit. Sanskrit is a beautiful language. It has enriched our society from time immemorial. Today many nations are trying to research Sanskrit writings which are there in our ancient scriptures. I understand that there is a wealth of knowledge available in Sanskrit which scientists and technologists are finding today.
> (http://presidentofindia.nic.in/presentation/splangnew PDF%20Format961.pdf)

The full text of his speech, which is quoted on the President's official website, is a source of inspiration to all of us, particularly to the devotees of Sanskrit and *saṁskṛti.*

References

Abdul Kalam, A.P.J., "Interaction with the Students of Sree Guru Sarvabhauma Sanskrit Vidyapeetham, Mantralayam, 1 February 2007." http://presidentofindia.nic.in/presentation/splangnewPDF%20Format 961.pdf. Accessed on 18th February 2007.

Aurobindo, Sri, *India's Rebirth,* Paris and Mysore: Institute de Recherches Evolutives and Mira Aditi, 1993.

Bhattacharyya, B., *Sanskrit Culture in a Changing World,* Baroda: Good Companions, 1950.

Kapoor, Kapil, "Eleven Objections to Sanskrit Literary Theory: A Rejoinder." http://www.indianscience.org/essays/st es kapoo eleven.shtml. Accessed on 30.1.2007.

Malhotra, Rajiv, "Geopolitics and Sanskrit Phobia." http://rajivmalhotra.sulekha.com/blog/post/2005/07/geopolitics-and-sanskrit-phobia.htm. Accessed on 30.1.2007.

Ramaswamy, Sumati, *Sanskrit for the Nation, Modern Asian Studies* 33.2 (1999): pp. 339-81.

Report of the Official Language Commission, New Delhi: Government of India, 1957.

Report of the Sanskrit Commission, 1956-57, Delhi: Government of India, 1958. Also available as http://www.education.nic.in/cd50years/u/45/3Z/Toc.htm.

Sampad and Vijay, *The Wonder that Was Sanskrit,* Pondicherry: Sri Aurobindo Society in Association with Mapin, Ahmedabad, 2002.

The Contributors

H. Balasubramaniam (1932–), a linguist, writer and a translator of repute, retired from the Directorate of Hindi, Government of India, under the Human Resource Development Ministry. He has been on the panel of Sahitya Akademi, Bharatiya Jnanapeeth, the National Book Trust, etc. and has regularly translated their literary works in Tamil, Malayalam and Hindi. Dr Balasubramaniam has been honoured with the Sahitya Akademi's "Anuvāda Puraskāra", "Sauhārda Sammāna" award from the Hindi Department, Government of Uttar Pradesh, the "Rashtriya Bhāshā Gaurav" award from the Parliamentarian Committee on Hindi language, among others. He has lively interest in Indian linguistics, Indian science, etc. [**address**: 776, Pocket 5, Mayur Vihar Phase I, NEW DELHI – 110 091; **e-mail**: <manibharati@yahoo.com>].

B.N. Kalla is M.A.M.O.L. Shastri Prabhakar, B.Ed, PhD (Vidyavaridhi). He held the posts of Researcher-cum-Editor, Kashmiri Dictionary Section, J&K Cultural Academy, Srinagar and has given Etymologies of forty-five thousand words of Kashmiri language derived from Sanskrit, Prakrit, Apabhraṁśa, Persian, Arabic, Turkish etc. in seven volumes of Kashmiri Dictionary, published by J&K Cultural Academy, Srinagar. He was also the Head of the Deptt. of Sanskrit, Government Oriental College, Srinagar; Sanskrit Professor, Centre of Central Asian Studies, at University of Kashmir, Srinagar; Sanskrit Professor, Post Graduate Deptt. of Sanskrit at University of Kashmir, Srinagar; and Shastrachoodamani Sanskrit Professor, Rashtriya Sanskrit Sansthan, New Delhi. Prof. Kalla has been a member of the Bharatiya Jnanapeeth Puraskar Samiti, New Delhi. He is a recipient of President Award and Vidvat Samman from the Govt. of India in 2000 [**address:** 1362/16, FARIDABAD (Haryana)].

K. MEENAKSHI retired as Professor from the Centre for Historical Studies, Jawaharlal Nehru University, New Delhi. She has authored a book *Tolkāppiyam and Aṣṭādhyāyī* which was published from the International Institute of Tamil Studies, Chennai in 1997. She has also published a paper "Sanskrit Grammar as Models for Writing Tamil Vīracolīyam — A Case Study" which appeared in *Vishveshvaranand Indological Journal* vol. XXII, part: i-ii, 1984 [**address:** B-Wing, B/6, Ist Floor, Ganga Park, Pingala Vasti, Mundhwa Road, PUNE – 411 036].

SATKARI MUKHOPADHYAYA (1934–) is a noted Sanskritist and scholar of History. He has studied various Śāstras from the traditions of Kolkata and Varanasi. He specializes in Buddhist Religion and Philosophy, and Rāmāyaṇa studies. He knows four classical and a few modern languages of India and Southeast Asia. After serving in a number of institutions, he retired as the Coordinator of the Kalākośa Division of Indira Gandhi National Centre for the Arts. He has published more than fifty research articles in Sanskrit, English, Bengali and Hindi and edited a few important Sanskrit texts [**address**: K-2071, Chittaranjan Park (Ist floor), NEW DELHI – 110 019].

RAJENDRA I. NANAVATI (1939–) is M.A., PhD and awarded The Presidential Certificate of Honour (2005), Śāstracūḍāmaṇi (2004-07) and V.N. Mandlik Gold Medal (University of Mumbai, Mumbai, 1966). He was formerly Director of Oriental Institute (Maharaja Sayajirao University of Baroda, Vadodara); Professor of Sanskrit (Deptt. of Sanskrit, Pali, Prākṛt, Maharaja Sayajirao University); and Principal, Baroda Sanskrit College. He taught (since 1963) in colleges at Bardoli, Surat, and in Maharaja Sayajirao University of Baroda. Prof. Nanavati has been associated with All India Oriental Conference for nearly 40 years and has been Translator from and into Gujarati–English–Hindi–Sanskrit besides editing four research journals [**address**: B-103, Rajlaxmi Society, Old Padra Road, (Near Race Course), VADODARA – 390 007; **e-mail**: <rinanavati2000@yahoo.com>].

V.R. PANCHAMUKHI has the unique distinction of not only being specialized in the field of Economics but also of being a Sanskrit scholar and Indologist. Currently (since 1998), he holds the position of the (Honorary) Chancellor of Rashtriya Sanskrit Vidyapeetha, Tirupati. He has been honoured with the President's Certificate of Honour in Sanskrit for his innovative contributions to the field of Sanskrit and Indology. He has also been honoured with the titles, such as, *Vidwad Ratnam, Vishwa Vidya Kulapati, Madhwa Shiromani* and *Sastra Kovida* by a number of cultural organizations. Recently, Purbanchal Sanskrit Prachar Parishad has honoured him with the title of *Vidyalankara*. He has written a number of books in Sanskrit, on current economic topics. He is a good orator in chaste Sanskrit and has composed a large number of Sanskrit poems. Dr Panchamukhi has served as Chairman, Indian Council of Social Science Research, (ICSSR), Ministry of Human Resource Development, Government of India [**address:** D 4/2, Welcomgroup CGHS, Sector 3, plot 6, Dwarka, NEW DELHI – 110 075; **e-mail:** <iejpanch@yahoo.com>].

MAKARAND PARANJAPE is Professor of English at the Jawaharlal Nehru University, New Delhi. He is the author-editor of over twenty-five books including *Decolonization and Development; Hind Swaraj Revisioned; The Penguin Sri Aurobindo Reader*; and *English Studies: Indian Perspectives.* He is founding editor of a multi-disciplinary international journal — *Evam: Forum of Indian Representations,* and a trustee of the Saṁvād India Foundation, a non-profit trust that promotes cross-cultural dialogue [**address:** Chairperson, Centre for English Studies, School of Language, Literature and Cultural Studies, JNU, NEW DELHI – 110 067; **e-mail:** <makarand@mail.jnu.ac.in>].

C. RAJENDRAN, Professor of Sanskrit at University of Calicut has done research in Sanskrit Literature and Poetics, Aesthetics, Theatre, Linguistics, Comparative Literature, Environmental Studies and Ancient Indian Management. His thesis, "A Study of Mahimabhaṭṭa's Vyaktiviveka" was acknowledged as a significant contribution to studies in Sanskrit poetics. His other noted contributions include *Studies in Comparative Poetics; The Traditional Sanskrit Theatre of Kerala; Sign and Structure;* and *Understanding Tradition.* He has also published ten books in Malayalam and about 200 learned articles in various national/international journals. He is the recipient of many awards including Ramakrishna Sanskrit Award for outstanding contributions in teaching and research, instituted by Canadian World Education Foundation. He has worked as Visiting Professor in the École des Hautes Études en Sciences Sociales (EHESS), Paris [**address**: Department of Sanskrit, University of Calicut, CALICUT UNIVERSITY P.O. – 673 635 (Kerala); **e-mail**: <crajenin@yahoo.com>].

RAJENDRA NATH SARMA (1951–) is M.A. (Gold Medalist), PhD (1984) and the only recipient of the D. Litt. degree from the Gauhati University till date. He is also Mīmāṁsā and Vyākaraṇa Śāstri from Assam Sanskrit Board and a Diploma holder of the French Language. Dr Sarma joined the Gauhati University as Lecturer in 1978, became Reader in 1986 and, since 1994, he has been serving the Deptt. as Professor. He has authored eight books and has to his credit about fifty published research papers. He visited Budapest under Cultural Exchange Programme in 2001. He has produced 18 PhD scholars under his guidance [**address**: 44 Gauhati University Campus, Gopinath Bardoloi Nagar, GUWAHATI – 781 014].

V. KUTUMBA SASTRI, (1950–) is currently Vice-Chancellor, Rashtriya Sanskrit Sansthan, New Delhi. He is a well-known Vedic scholar. His areas of interest include philosophy in general and Advaita Vedanta and Sanskrit poetics in particular. His publications include monographs, anthologies, and research papers on Advaita Vedanta. He is the recipient of several prestigious awards from several State Governments in India as well as one from the Windsor University, Canada for promoting Sanskrit studies. Recently he has been elected as the President of International Association of Sanskrit Studies, Paris. Professor Sastry travelled widely to spread the message of the Vedas and the Advaita Vedanta in countries such as USA, England, Kazakhstan, Finland, Thailand and Scotland [**address:** Vice-Chancellor, Rashtriya Sanskrit Sansthan, 56-57, Institutional Area, Janakpuri, NEW DELHI – 110 058; **e-mail:** <ragsri55@yahoo.com>].

SATYA VRAT SHASTRI (1930–), did his M.A. and M.O.L. from the Panjab University and PhD from the Banaras Hindu University. He joined the University of Delhi in 1955 where during his 40 years' of teaching career, he held the positions of the Head of the Department of Sanskrit and the Dean of the Faculty of Arts. He was also Vice-Chancellor of Shri Jagannath Sanskrit Vishvavidyalaya, Puri (Orissa). Prof. Shastri is both a creative and a critical writer and has been a subject matter of seventeen theses for PhD and D. Litt. in Indian universities. He has received 54 awards and honours, both national and international, including Padma Shree and four Honorary Doctorates [**address:** C-248, Defence Colony, NEW DELHI – 110 024; **e-mail:** <ssarin@del3.net.in>].

WAGISH SHUKLA (1946-) teaches mathematics at Indian Institute of Technology, Delhi. He is a student of the Indian Classical Mind as revealed through Sanskrit, Persian and Hindi literature. He has published more than fifty articles in English and Hindi on these subjects. He is closely associated with the Special Centre for Sanskrit Studies at JNU as a member of several committees. He is Associate Chief Editor of the *Encyclopaedia of Indian Poetics*, an ongoing project of the Sahitya Academy, New Delhi [**address**: Deptt. of Mathematics, Indian Institute of Technology, Hauz Khas, NEW DELHI – 110 016; **e-mail:** <wagishs@yahoo.com>].

NAMWAR SINGH (1927–), Professor Emeritus of Hindi, JNU, New Delhi and Vice-Chancellor, Mahatma Gandhi Antarrashtriya Hindi Vishvavidyalaya, Wardha (Madhya Pradesh), is M.A. PhD in Hindi from Banaras Hindu University, Varanasi. Prof. Singh taught at Banaras Hindu University, University of Sagar, University of Jodhpur and at Jawaharlal Nehru University, New Delhi. His major publications include *Hindi Ke Vikas Men Apabhramsh Ka Yoga, Prithviraj Raso Ki Bhasa Aur Sahitya, Chhayavad, Itihas Aur Alochana, Vad Vivad Samvad,* among others. He won the Sahitya Academy Award for the year 1971, Shalaka Samman, Hindustani Academy Sammam and the Bharat Bharati Samman [**address:** 32, Shivalik Apartment, Alaknanda, Kalkaji, NEW DELHI – 110 019; **e-mail:** <namwarsingh@gmail.com>].

VACHASPATI UPADHYAYA (1943–) is an eminent, highly acclaimed and a celebrated scholar in Sanskrit known in India and abroad. Prof. Upadhyaya is currently (since November 2004) serving as the Vice-Chancellor of Sri Lal Bahadur Shastri Rashtriya Sanskrit

Vidyapeeth, New Delhi for the third term in a row. Presently he is holding the additional charge of Secretary, Maharshi Sandipani Rashtriya Veda Vidya Pratishthan, Ujjain. Prof. Upadhyaya is PhD from Calcutta University, D.Litt. from Varanasi and lately conferred upon with Degree of D. Litt. (*honoris causa*) from Calcutta and Banaras Hindu Universities. As a great scholar of Oriental Studies, Prof. Upadhyaya has been honoured with the Late Smt. Chandrawati Joshi Sanskrit Bhasha Puraskar in 1994; Mahamahopadhyaya (*honoris causa*) by Sanskrita Shiksha Samsad, Calcutta in 1999 and by Faculty of Oriental Studies, Banaras Hindu University, Varanasi; President's Certificate of Honour in 2001; Saraswati Puraskar in 2002; and Maharashtra Rajya Mahakavi Kalidas Sanskrit Sadhna Puraskar in 2005, among others [**address**: Shri Lal Bahadur Shastri Rashtriya Sanskrit Vidyapeeth, NEW DELHI – 110 016; **e-mail**: <vu_vidyapeetha@hotmail.com>].

Index

Index